Zu diesem Buch

Konzentrationsschwäche ist eine Zeitkrankheit. Reizüberflutung und Hektik führen zu Gedankenflucht und Zerstreutheit. Ohne Konzentration aber gibt es keine bewußte Tätigkeit, keinen Erfolg. Ohne Konzentration verliert der Verstand seinen Wert.

Konzentrationsschwäche kann in den meisten Fällen überwunden werden. Dieses Programm zeigt einen Weg, erprobt in vielen Jahren, mit vielen Menschen, in Schulen, Familien, Seminaren und Betrieben.

Professor Dr. Ernst Ott, Jahrgang 1926, ist Pädagoge. Er schrieb die Bestseller «Optimales Lesen» (rororo sachbuch 6783), «Optimales Denken» (rororo sachbuch 6836), «Vom Spielen zum Lernen. Vorschulische Intelligenzförderung» (rororo sachbuch 6801) und zusammen mit Hans Leitzinger «Ihr creatives Kind». Er entwickelte das neue Lehrfach Methodik des geistigen Arbeitens.

Ernst Ott

Das Konzentrationsprogramm

Konzentrationsschwäche überwinden – Denkvermögen steigern

rororo

Rowohlt

45.–48. Tausend Dezember 1987

Veröffentlicht im Rowohlt Taschenbuch Verlag GmbH,
Reinbek bei Hamburg, November 1977

Umschlagentwurf Jürgen Waldvogel
Satz Garamond (Linotron 505 C)
Gesamtherstellung Clausen & Bosse, Leck
Printed in Germany
780-ISBN 3 499 17099 x

Inhalt

Kapitel G

Das Theorieprogramm

Das Theorieprogramm legt die verhaltenspsychologischen Grundlagen und soll die Bedeutung der Konzentration im Bereich des bewußten menschlichen Handelns aufzeigen. Es enthält die folgenden Kapitel:

Kapitel A
Was ist Aufmerksamkeit? Was ist Konzentration? Wie stehen diese Begriffe zueinander?

Kapitel B
Was hindert uns, konzentriert zu sein? Wie schalten wir Störquellen aus?

Kapitel C
Konzentriert kann man jeweils nur eine Sache tun

Kapitel D
Konzentrierte Aktivierung

Kapitel E
Vom positiven Denken und positiven Handeln

Kapitel F
Über die Bedeutung der Motivation

Kapitel G
Motivation – Willenseinsatz – Erfolg

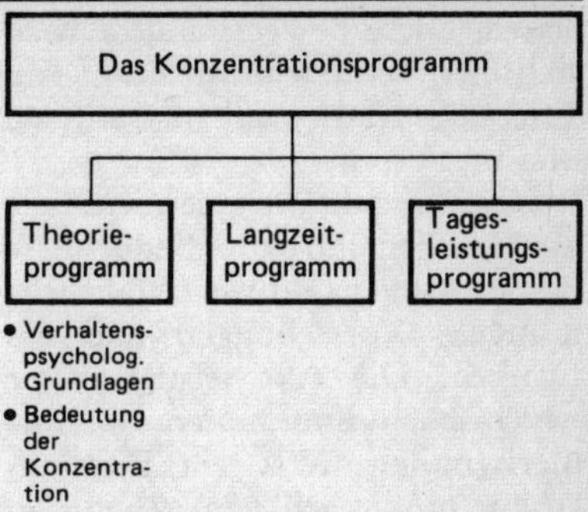

Wie kam es zu diesem Aufbau? Er entstand aus dem Wirkungskreislauf, der hier kurz skizziert werden soll:

Am Anfang stehen Bedürfnisse, die elementaren Bedürfnisse, wie essen, trinken, gesichert sein, etwas erfahren, etwas sagen können, anerkannt werden, ebenso wie die sekundären, die Luxusbedürfnisse die erst – meist durch die Werbung, die mit starker Suggestivkraft Appelle an das Unterbewußte richtet – geschaffen werden.

Diese Bedürfnisse sind Antriebskräfte, die das Streben aktivieren, einen tatsächlichen oder nur eingebildeten Mangelzustand zu beheben und eine bestimmte Zielvorstellung zu erreichen.

Die Bedürfnisse werden also zu Beweggründen, zu Motiven, die einen Entschluß zum Handeln im Sinne einer Zielerreichung reifen lassen. Diese Beweggründe äußern sich mehr unbewußt in Form von Trieben oder bewußt in Gefühlen und Interessen.

Der Wunsch, die gesetzten Ziele zu erreichen und damit Bedürfnisse zu befriedigen, aktiviert Wahrnehmungen, Vorstellungen und das Denken. Die Aktivierung dieser psychischen Funktionen ist Aufmerksamkeit. Wer ein Ziel anstrebt, muß wach sein, sehen und hören, sich den möglichen Ablauf vorstellen und denken können.

Die Aufmerksamkeit aber ist flatterhaft, neigt sich bald diesem, bald jenem zu, bleibt oberflächlich und schafft somit die Voraussetzung, nichts zu erreichen.

Eine starke Hand ist vonnöten, um die Aufmerksamkeit gebündelt und somit gestärkt auf ein Ziel zu richten. Diese Kraft, die Zerstreutheit, Unrast und Gedankenflucht bannt und somit die Voraussetzung für eine rationelle Zielerreichung schafft, ist die Konzentration.

Bisher steht allerdings erst der Entschluß fest, im Sinne der Zielerreichung zu handeln. Um den Entschluß in Handeln umzusetzen, bedarf es eines Willenseinsatzes, der wiederum durch die Motive bedingt ist.

Das zielgerichtete Handeln führt, so wollen wir annehmen, direkt oder nach Rückschlägen zum Ziel. Die Spannung, die sich aus den unbefriedigten Bedürfnissen ergab, läßt nach, Erfolgsfreude stellt sich ein und damit ein Gefühl der Zufriedenheit.

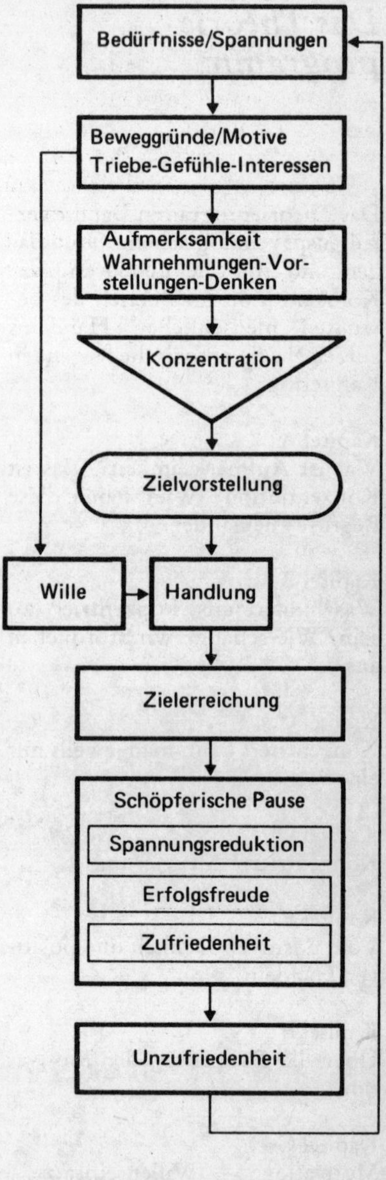

Jetzt ist Zeit für eine schöpferische Pause, deren Ziel eine körperliche, geistige und seelische Entspannung ist, um für weiteres Handeln bereit zu sein.

Neue Kraft ist bald erforderlich, denn wunschlos glücklich ist man nur für eine kurze Zeit. Bald entstehen neue Bedürfnisse und damit neue Spannungen und damit Unzufriedenheit. Der Kreislauf führt uns zurück: Am Anfang stehen Bedürfnisse ...

Diese kurze Skizze, die lediglich den Aufbau des Theorieprogrammes begründen und eine Übersicht schaffen soll, vereinfacht und vernachlässigt manches. Dies alles gründlich darzustellen, ist Aufgabe des Theorieprogrammes.

Das Langzeitprogramm

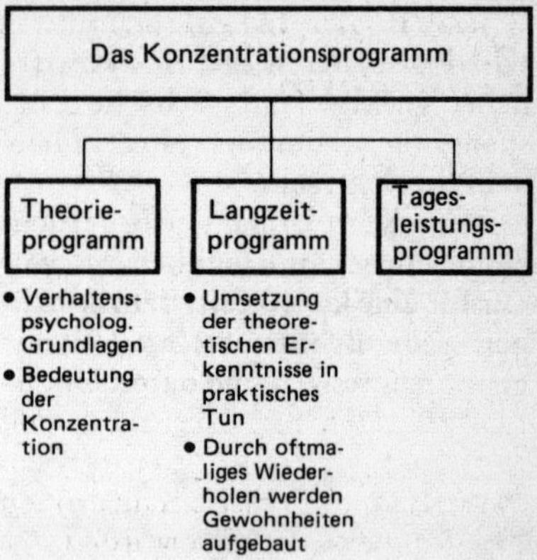

Direkt anschließend an die Kapitel des Theorieprogrammes finden Sie Übungen (mit Ausnahme der Kapitel B und C), die sich aus den theoretischen Überlegungen ergeben und welche die dort gewonnenen Einsichten in praktisches Tun umsetzen sollen. Diese Übungen bilden das Langzeitprogramm, weil deren Ziel, Gewohnheiten aufzubauen, nur dann erreicht wird, wenn das, was zur Gewohnheit werden soll, durch oftmaligen Vollzug automatisiert, also in ein festes Handlungsprogramm umgewandelt wird. Ein einmaliges oder gelegentliches Tun führt nicht zur Gewohnheitsbildung.

Das Tagesleistungsprogramm

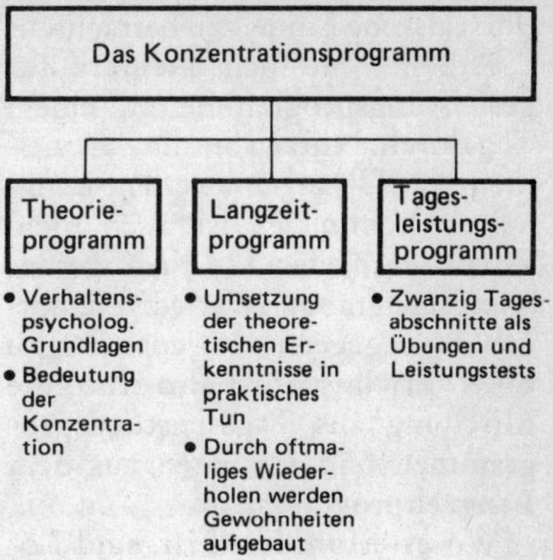

Das Tagesleistungsprogramm als dritter Teil des Konzentrationsprogrammes umfaßt in zwanzig Tagesabschnitten je Tag vier Konzentrationsaufgaben mit Leistungs- und zum Teil auch mit Zeitvorgaben, die in Tests mit ausreichend großen Testgruppen gefunden wurden.

Das Anspruchsniveau dieser Aufgaben steigt allmählich, wobei die Anforderungen an die Konzentrationskraft gesteigert und die Zeitvorgaben für das Lösen der Aufgaben verkürzt werden.

Wie arbeitet man mit diesem Programm?

Beginnen Sie mit dem Kapitel A des Theorieprogrammes. Nur wenn Sie oft sehr abgespannt sind, wenn Sie sich gehetzt und überfordert fühlen oder wenn Sie lust- und antriebslos sind, empfiehlt es sich, das Kapitel D vorzuziehen und den dort aufgezeigten Übungen besondere Aufmerksamkeit zu schenken. Erst zu einem späteren Zeitpunkt kehren Sie dann zum Kapitel A zurück. Die graphische Textveranschaulichung wird Ihnen die Übersicht und das Verstehen sowie ein späteres Rekapitulieren erleichtern.

Wenn Sie den Text studiert haben, wenden Sie sich den ersten der mit A1–A45 bezeichneten Übungen des Langzeitprogrammes zu. Es ist nicht erforderlich, hier streng der Reihe nach vorzugehen. Sie können Übungen auswählen, die gerade gut in Ihren Tagesablauf passen.

Unter jeder Übung finden sie eine Kontrolleiste, in die Sie den Vollzug einer Übung (□) vermerken sollten. Nur so behalten Sie die Übersicht. Außerdem erinnern Sie die noch leeren Kästchen daran, daß nur ein permanentes Üben zur Gewöhnung und damit zum Erfolg führen kann. Beachten Sie auch die teilweise in der Kontrolleiste vorgeschriebene Übungsdauer.

Jetzt ist er erste Tag des Tagesleistungsprogrammes an der Reihe. Sie benötigen einen Bleistift und eine Uhr mit Sekundenzeiger, am besten eine Stoppuhr. Es ist wichtig, die für einen Tag vorgegebenen Aufgaben tatsächlich an einem Tag – nicht unbedingt hintereinander – zu erledigen. Jede der vier Aufgaben eines Tagesprogrammes ist jedoch als eine Einheit zu betrachten.

Arbeiten Sie nicht mehrere Tagesleistungsprogramme an einem Tag durch. Nützen Sie die Zeit vielmehr für Übungen aus dem Langzeitprogramm. Es ist auch nicht notwendig, jeden Tag ein Tagesleistungsprogramm zu erledigen, notwendig dagegen ist es, jeden Tag zu üben. Erwünscht ist also eine gute Mischung aus Tagesleistungsprogrammen und Übungen aus dem Langzeitprogramm.

Wo es erforderlich ist, sind Lösungen angegeben. Nach dem Lösen jeder Aufgabe entnehmen Sie den Tabellen die Leistungspunkte und übertragen Sie diese in die Gesamtübersicht auf Seite 156 in der die Maximalpunktzahl je Aufgabe vorgegeben ist.

Bei manchen Aufgaben, die mit  gekennzeichnet sind, müssen zu den Leistungspunkten auch die Zeitpunkte berücksichtigt werden. Vergessen Sie nicht, bei diesen Aufgaben die Zeit zu nehmen!

Jetzt bearbeiten Sie bitte das nächste Kapitel des Theorieprogrammes und beginnen mit den Übungen des anschließenden Langzeitprogrammes.

Natürlich sind zu diesem Zeitpunkt die Langzeitübungen des oder der vorhergehenden Theoriekapitel noch nicht abgeschlossen. Sie bearbeiten also zwei oder mehrere Übungsbereiche nebeneinander. Das ist beabsichtigt, so werden Schritt für Schritt weitere Bereiche des bewußten menschlichen Verhaltens erfaßt, ein umfassendes Üben der Konzentrationsfähigkeit wird erzielt.

Allmählich verschieben sich die Gewichte. Frühere Übungen sind automatisiert. Sie bedürfen keiner weiteren Beachtung, andere treten an ihre Stelle. So arbeiten Sie lustbetont im ständigen Wechsel zwischen Theorie-, Langzeit- und Tagesleistungsprogramm das Buch durch. Es sollte für viele Wochen Ihr Begleiter sein. Durchsetzen Sie vor allem Ihren Tagesablauf mit vielen Übungen aus dem Langzeitprogramm und verhalten Sie sich möglichst oft nach den dort gegebenen Empfehlungen.

Vielleicht sind Sie durch die Vielzahl der Übungen beunruhigt. Dafür besteht kein Grund. Sie werden sehen, daß viele Abläufe keine zusätzliche Zeit erfordern, weil einfach Dinge, die bisher gedankenlos vollzogen und nicht bewußt wurden, jetzt konzentriert bearbeitet werden, weil andere Übungen sich harmonisch in den Alltag einfügen oder gar Leerlaufzeiten ausfüllen.

Sie werden bald feststellen, daß mit steigender Konzentrationskraft ein oft beachtlicher Zeitgewinn zu verzeichnen ist, denn Doppelarbeit und Fehler werden mehr und mehr vermieden, Leerlauf wird ausgeschaltet und viele Dinge werden rascher und besser erledigt.

Wie kann die Leistung bemessen und bewertet werden?

Für jede Aufgabe des Tagesleistungsprogrammes sind die Maximalpunkte angegeben. Insgesamt sind 1200 Punkte erreichbar. Diese Spitzenleistung wurde aber in der Testperiode selten erreicht. Es ist unmöglich, allgemeingültige Leistungsmaßstäbe anzugeben; das Ausgangsniveau, die Förderbarkeit, die Arbeitsintensität und die Motivation der Übenden sind zu unterschiedlich.

Damit Sie einige Anhaltspunkte haben, greife ich zwei extreme Gruppen heraus. Berufsschüler der Grundstufe des Berufsfeldes Großhandel und Industrie sowie jüngere Industrieangestellte in verantwortlichen Positionen, mindestens Abitur.

Da die Anforderungen an die Konzentrationskraft von Übungstag zu Übungstag angehoben werden, können Sie es schon als beachtliche Leistungssteigerung verbuchen, wenn Sie die Tagespunktzahl während der zwanzig Übungstage konstant halten. Die Erfahrung hat aber gezeigt, daß noch zusätzlich eine Steigerung erreicht wird, die um so größer ist, je intensiver das Langzeitprogramm durchgeführt wird.

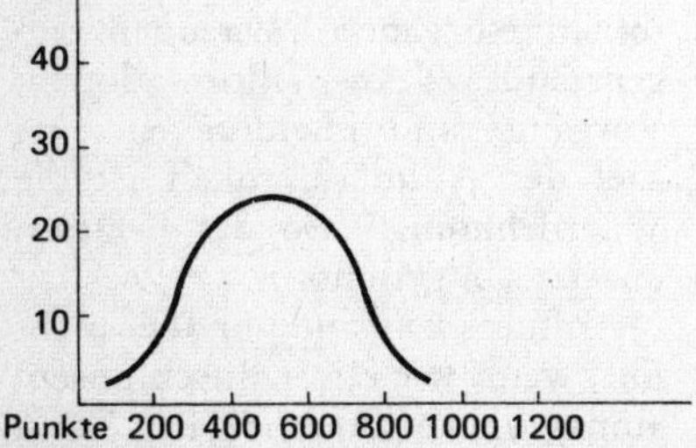

Berufsschüler

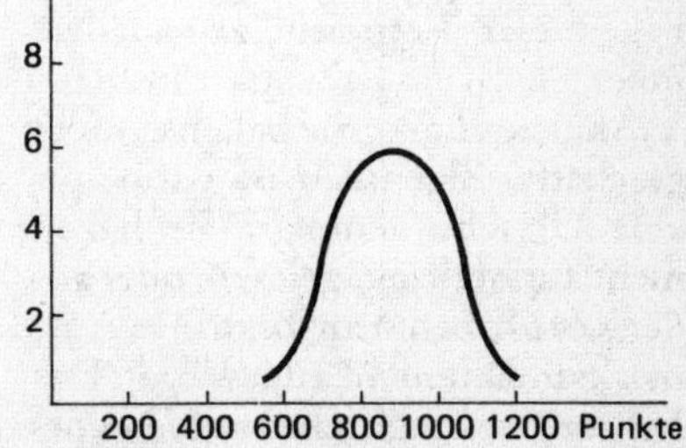

Jüngere Industrieangestellte

Das Theorie-programm

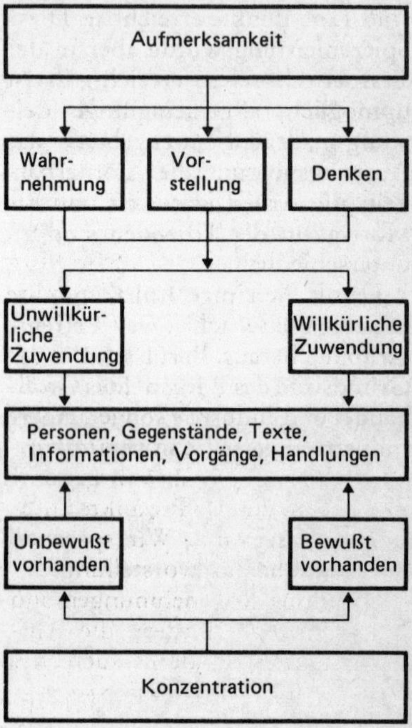

Was ist Aufmerksamkeit?
Was ist Konzentration?
Wie stehen diese Begriffe zueinander?

«Nihil est in intellectu, quod non prius fuerit in sensu.»
(Locke)

Nichts ist im Verstande, was nicht vorher in den Sinnen war.

Zwei Lernziele sollen in diesem ersten Kapitel erreicht werden. Einmal gilt es, die psychologische Bedeutung der Begriffe Aufmerksamkeit und Konzentration kennenzulernen und zum anderen zu erfahren, welche Beziehungen zwischen diesen beiden Begriffen bestehen.

Sie haben eben die Lernzielangaben des ersten Kapitels gelesen. Unterbrechen Sie jetzt bitte, um mit Ihren eigenen Worten den Inhalt dieser Lernziele zu wiederholen.

Angenommen, Sie haben es nicht geschafft. Eigentlich ist dafür nur eine Ursache denkbar: Sie haben nicht aufmerksam gelesen, oder anders: Sie haben dem Text Ihre Aufmerksamkeit nicht zugewandt. Das Ergebnis war gleich Null. Nichts ging in Ihr Gedächtnis ein!

Was ist Aufmerksamkeit?

Unter Aufmerksamkeit verstehen wir zunächst den Grad der Aktivität unserer Sinnesorgane, oder anders ausgedrückt: Aufmerksamkeit ist der Grad der Zuwendung unserer Sinnesorgane auf Personen, Gegenstände, Texte, Informationen, Vorgänge und Handlungen. Das Ziel der Aufmerksamkeit ist die Wahrnehmung, also das Erfassen unserer Umgebung.

Aufmerksam sind wir aber nicht nur, wenn wir etwas durch unsere Sinne wahrnehmen wollen (also durch Sehen, Hören, Tasten,

Schmecken, Riechen), sondern auch dann, wenn wir Dinge, die nicht gegenwärtig sind, in unserer Vorstellung betrachten. Unser Bewußtsein erzeugt dann Bilder von Personen, Gegenständen, Informationen usw., die wir früher einmal wahrgenommen haben; die Vorstellung stützt sich also auf eine Erinnerung. Wir sprechen von Erinnerungsvorstellungen.

Das Bewußtsein kann aber auch Vorstellungen von Dingen usw. entstehen lassen, die wir nie mit unseren Sinnesorganen wahrgenommen haben, die also Produkte unserer Phantasie sind. Wir sprechen dann von Phantasievorstellungen.

Nicht nur Wahrnehmungen und Vorstellungen erfordern die Aufmerksamkeit, sondern auch das Denken, also jene wichtige geistige Funktion, die meist auf Wahrnehmungen und Vorstellungen aufbaut und uns durch Begreifen, Meinungsbilden und schlußfolgerndes Urteilen zu neuen Erkenntnissen führt.

Definition: Aufmerksamkeit

Was verstehen wir nun unter Aufmerksamkeit? Fassen wir das Entwickelte mit den Worten von Prof. Dr. Hubert Rohracher[8] zusammen:

«Aufmerksamkeit ist der jeweilige Aktivitätsgrad der psychischen Funktionen; der Wahrnehmung, des Vorstellens oder des Denkens oder aller Funktionen gleichzeitig.»

Wir sind von der Aufgabe ausgegangen, die beiden Lernziele des ersten Kapitels mit eigenen Worten zu formulieren und haben zunächst unterstellt, Sie hätten diese Aufgabe nicht erfüllt, und zwar deshalb nicht, weil Sie unaufmerksam gelesen haben.

Sicher werden Sie aber diese kleine Aufgabe spielend gelöst haben. Das war nun wirklich kein Kunststück, werden Sie meinen, einen so kurzen Text wiederzugeben. Anders ist es schon, wenn es gilt, einen langen Text aufmerksam zu lesen. Da fällt es mitunter schwer, bei der Sache zu bleiben. Das Auge schweift ab, die Gedanken vagabundieren. Man kommt vom einen zum anderen; es fehlt einfach an der Konzentrationsfähigkeit. Was verstehen wir verhaltenspsychologisch unter Konzentration?

Was ist Konzentration?

Es ist die Fähigkeit, sich zu sammeln, alle Zerstreutheit und Zerfahrenheit abzulegen, um die Wahrnehmungen, Vorstellungen und Gedanken gebündelt auf einen Erlebnisinhalt richten zu können. Das erfordert zusätzlich die Kraft, allen Störfaktoren – von innen und außen – Widerstand entgegenzusetzen, um nicht «abgelenkt» zu werden.

Das erste Teilziel dieses Kapitels ist erreicht. Wir haben die verhaltenspsychologische Bedeutung der Begriffe Aufmerksamkeit und

Konzentration kennengelernt. Wenden wir uns nun dem zweiten Lernziel dieses Kapitels zu.

Welche Beziehungen bestehen zwischen Aufmerksamkeit und Konzentration?

Nach dem, was wir gehört haben, können wir sagen: Die Konzentration ist die Fähigkeit, die unsere Aufmerksamkeit zwingt, für längere Zeit bei einer Sache zu bleiben.

Das ist in vielen Fällen recht schwierig, denn die Aufmerksamkeit ist sehr unstet. Sie wendet sich bald diesem, bald jenem zu. Das Reizfeld um uns ist riesengroß und sehr verführerisch. Wir müssen den Willen einsetzen, aufmerksam zu sein und uns bewußt zu konzentrieren, damit die Aufmerksamkeit zielgerichtet bleibt.

Wir kennen das aus der Schulzeit, wir erleben diese Schwierigkeit bei unserer täglichen Arbeit, beim Lesen, in Vorlesungen usw. Das ist unser Problem!

Dann wieder gibt es Dinge und Ereignisse, Vorstellungen und Gedanken, denen sich unsere Aufmerksamkeit freiwillig, ohne jeden bewußten Willenseinsatz zuwendet, bei denen sie gerne längere Zeit verweilt. Die Konzentration ist also unbewußt vorhanden. Mit welcher Lust folgt ein Sportfreund einer Sportübertragung, mit welcher Inbrunst lauscht ein Gläubiger einer Predigt, mit welcher Hingebung widmet sich ein Urlaubsreifer der Vorstellung seiner bevorstehenden Ferien, und wie aufgeschlossen und bereit folgt ein Schüler einem Unterricht, für den sein Interesse geweckt ist.

All dies geschieht gern, die Konzentration ist gegeben, sie muß nicht mühevoll geschaffen werden. Ablenkende Reize haben keine Chance, die Zuwendung der Aufmerksamkeit zu stören.

Wir haben auch das zweite Lernziel dieses Kapitels erreicht: Der Zusammenhang zwischen Aufmerksamkeit und Konzentration wurde aufgezeigt.

Nach diesen mehr theoretischen Ausführungen wollen wir nun üben. Beachten Sie dabei bitte die Ausführungen der Einleitung.

Das Langzeitprogramm

Allgemeine Konzentration

Konzentrierte Informationsaufnahme
Gesichtssinn
Gehörsinn
Geruchsinn
Tastsinn
Geschmacksinn

Konzentrierte Realvorstellungen

Konzentrierte Phantasievorstellungen

Konzentriertes Denken

Allgemeine Konzentration

A 1

Schließen Sie entspannt die Augen. Vor Ihren Augen entsteht jetzt eine große, dunkle Fläche. Betrachten Sie diese Fläche, sie muß makellos sein, nichts darf sich auf ihr bewegen. Schieben Sie alles, was sich aufdringen möchte, zur Seite. Es wird Ihnen nur jeweils wenige Sekunden gelingen, die Fläche vollkommen frei zu halten. Immer wieder müssen Sie rotierende Scheiben oder Wellenlinien beiseite schieben. Bleiben Sie konzentriert bei der dunklen Fläche. Wenn Ihnen das eine Minute lang gelingt, ist es eine gute Ausgangsleistung. Unser Ziel ist, es fünf Minuten lang zu schaffen.

1 Min.	2 Min.	3 Min.
□□□□	□□□□	□□□□
4 Min.	5 Min.	
□□□□	□□□□	

A 2

Schließen Sie bewußt entspannt die Augen. Konzentrieren Sie sich auf das Einatmen. Die Luft streicht durch die Nase. Sie verspüren es ganz deutlich. Es wird Ihnen bewußt, Sie registrieren: ich atme bewußt spürbar ein. Nun atmen Sie bewußt aus. Sie verspüren die Luft durch den leicht geöffneten Mund leicht zischend zwischen Lippen und Zähnen entweichen.

3 Min.	5 Min.	7 Min.
□□□□	□□□□	□□□□
10 Min.	15 Min.	
□□□□	□□□□	

A 3

Betrachten Sie aufmerksam den Sternenhimmel. Wählen Sie jeweils ein Sternbild aus. Prägen sie sich nur das eine Bild ein. Schließen Sie nach einer gewissen Zeit die Augen, und lassen Sie das Sternbild auf der dunklen Fläche erscheinen. Zur Kontrolle wird wieder das Sternbild betrachtet.

1 Min. □□□ 2 Min. □□□ 3 Min. □□□ 4 Min. □□□
5 Min. □□□

A 4

Entzünden Sie in einem dunklen Raum eine Kerze. Setzen Sie sich entspannt in einen Abstand von 30 bis 50 cm und konzentrieren sich auf die Kerzenflamme. Denken Sie dabei: Ich betrachte konzentriert diese Kerze, nur das. Jeder Gedanke, der sich aufdrängt, wird beiseite geschoben. Nur die Flamme ist interessant. Sie verfolgen ihre Umrisse, ihre Fläche, die Farbe, das Flakkern, nur dies. Kein anderer Gedanke wird daran geknüpft. Ursache und Wirkung interessieren nicht. Auch am offenen Feuer können Sie ähnliche Konzentrationsübungen machen.

1 Min. □□ 2 Min. □□ 3 Min. □□ 4 Min. □□ 5 Min. □□
6 Min. □□ 7 Min. □□ 8 Min. □□ 9. Min □□ 10 Min. □□

A 5

Wählen Sie einen Weg in einer wenig belebten Gegend. Sie konzentrieren sich auf die lockere Bewegung Ihrer Schritte. Der Ablauf des Schreitens wird bewußt wahrgenommen und registriert. Allein auf dieses Tun sind Ihre Gedanken gerichtet, kein anderer Gedanke darf sich aufdrängen. Später konzentrieren Sie sich abwechselnd auf die Schritte und auf die locker schwingenden Arme. Sie verspüren nur die Bewegung.

□□□□□□□□□□□□□□□□□
□□□□

Konzentrierte Informationsaufnahme Gesichtssinn

A6

Betrachten Sie bewußt die Gegenstände Ihrer Umgebung. Beginnen Sie z. B. mit ihrer Armbanduhr. Betrachten Sie Form, Farbe, Material, Ziffern, Zeiger, Armband. Schließen Sie nun die Augen und zeichnen Sie die Armbanduhr nach. Zeichnen Sie sie auch mit Bleistift und Papier nach und vergleichen Sie das Ergebnis mit dem Gegenstand. Machen Sie sich bewußt, was richtig und was falsch gemacht wurde. Die Rückkoppelung ist sehr wichtig. Unterbleibt sie, ist die Übung unwirksam.

□□□□□□□□□□□□□□□□□
□□□□

A7

Betrachten Sie bewußt die Mitmenschen Ihrer näheren Umgebung. Wie sind ihre Gesichtsform, die Form der Nase, des Mundes, der Augen, wie die Farbe der Augen und Haare. Vergleichen Sie das Ergebnis Ihrer Gedankenarbeit mit der Wirklichkeit. Machen Sie sich richtige und falsche Ergebnisse bewußt.

□□□□□□□□□□□□□□□□□□
□□□□

A8

Beobachten Sie die Bewegungen, die Mimik und Gestik ihrer Mitmenschen. Achten Sie besonders auf Eigenarten.

□□□□□□□□□□□□□□□□□□
□□□□

A9

Schließen Sie die Augen, wenden Sie Ihren Kopf in eine bestimmte Richtung. Blicken Sie nun ganz kurz auf, etwa 1/6 bis 1/3 Sekunde, werden Sie sich dabei bewußt, was Sie gesehen haben. Blenden Sie wieder kurz auf. Was kommt an Gesehenem hinzu? Wiederholen Sie das, bis sie glauben, das gesamte Bild im Bereich Ihres Blickfeldes erkannt zu haben. Prüfen Sie danach, ob Sie die wesentlichen Dinge erkannt haben. Nach mehrmaligem Üben kommen Sie mit immer weniger Aufblendungen aus, um Ihr Blickfeld im einzelnen zu erfassen.

□□□□□□□□□□□□□□□□□□
□□□□

A10

Diese Übung ähnelt der vorhergehenden, nur wird für das Aufblenden jeweils eine andere Richtung, also ein neues Bild gewählt. Auch hier ist die Rückkoppelung sehr wichtig oder die Beantwortung der Frage: «Was habe ich gesehen?» Sie werden feststellen, daß immer mehr Bilddetails in diesem Bruchteil der Sekunde aufgenommen werden.

□□□□□□□□□□□□□□□□□□
□□□□

Konzentrierte Informationsaufnahme Gehörsinn

A11

Bitte stellen Sie bewußt Ihr Radio oder Fernsehgerät bei Sprechsendungen allmählich immer leiser und bemühen Sie sich, trotzdem alles zu verstehen.

□□□□□□□□□□□□□□□□□□
□□□□

A12

Lauschen Sie konzentriert auf die Geräusche der Natur (Blätterrauschen, Säuseln des Windes, Rauschen des Baches, Wellenschlag am Seeufer, Tierstimmen, Insektengesumm, Zirpen von Grillen) oder auf Geräusche an der belebten Straßenkreuzung.

□□□□□□□□□□□□□□□□
□□□□

A13

Achten Sie auf Sprechgewohnheiten Ihrer Gesprächspartner (Stimmhöhe, Sprechgeschwindigkeit, Deutlichkeit, Dialektfärbung, Flüssigkeit).

□□□□□□□□□□□□□□□□

A14

Versuchen Sie, aus Musikdarbietungen einzelne Instrumente herauszuhören.

□□□□□□□□□□□□□□□□
□□□□

A15

Lauschen Sie konzentriert dem Ticken der Armbanduhr, Ihres Weckers oder einer Wanduhr. Wählen Sie den Abstand so, daß Sie das Geräusch gerade noch vernehmen, vergrößern Sie den Abstand allmählich. Achten Sie auf das Ticken.

1 Min.	2 Min.	3 Min.	4 Min.	5 Min.
□□	□□	□□	□□	□□
6 Min.	7 Min.	8 Min.	9 Min.	10 Min.
□□	□□	□□	□□	□□

A16

Partnerspiel: Mit verbundenen Augen folgen Sie der Stimme Ihres Partners, der rasch den Standort wechseln und mit möglichst leiser Stimme sprechen sollte.

□□□□□□□□□□□□□□□□
□□□□

Konzentrierte Informationsaufnahme Geruchsinn

A17

Nehmen Sie die Duftnuancen von Speisen bewußt auf; wählen Sie dabei treffende Ausdrücke, wie würzig, verbrannt, faulig . . .

□□□□□□□□□□□□□□□□
□□□□

A18

Nehmen Sie die Duftnuancen von Getränken bewußt auf; wählen Sie treffende Ausdrücke wie blumig, aromatisch . . .

□□□□□□□□□□□□□□□□□□□□□□

A19

Konzentrieren Sie sich bewußt auf den Duft und Geruch in Ihrer Wohnung. (Hier wird gekocht, gebraten, gegrillt, gebacken . . .) Bemerken Sie den Duft der Toilettenseife, des Parfums, des Badezusatzes usw.

□□□□□□□□□□□□□□□□□□□□□□

A20

Nehmen Sie bewußt die Gerüche in der Straße einer Stadt auf (Benzin, Öl, Abgase, Abwässer, Rauch).

□□□□□□□□□□□□□□□□□□□□□□

A21

Registrieren Sie bewußt die Düfte und Gerüche bei einem Spaziergang in der Natur (Blumen, Wiese, Heu, Beeren, Pilze, Moor, Sumpf, Blüten der Bäume).

□□□□□□□□□□□□□□□□□□□□□□

Konzentrierte Informationsaufnahme Tastsinn

A22

Betasten Sie mit den Fingern bei geschlossenen Augen verschiedene Gegenstände, die Ihnen von jemandem gereicht werden, und beschreiben Sie Material, Form, Festigkeit, Oberflächenbeschaffenheit, Gewicht.

□□□□□□□□□□□□□□□□□□□□□□

A23

Nehmen Sie mit Ihren bloßen Zehen die Bodenbeschaffenheit bewußt wahr. Wie fühlt sich der Boden an? Ist er steinig, sandig, sumpfig, weich, handelt es sich um Erde, Stein, Kies, Holz, Asphalt usw.?

□□□□□□□□□□□□□□□□□□□□□□

A24

Machen Sie kleine Gänge mit verbundenen Augen, zunächst in einem Raum, dann in der Wohnung, später auch im freien Gelände. Benützen Sie aber einen Stock als Orientierungshilfe.

□□□□□□□□□□□□□□□□□□
□□□□

A25

Spüren Sie bewußt, wie der Wind Ihr Gesicht umspielt. Konzentrieren Sie sich ausschließlich auf dieses Gefühl. Der Eindruck wird intensiver, wenn Sie dabei die Augen schließen.

□□□□□□□□□□□□□□□□□□
□□□□

Konzentrierte Informationsaufnahme Geschmacksinn

A26

Genießen Sie Speisen bewußt. Beurteilen Sie das was Sie schmecken so treffend wie möglich. Beschränken Sie sich nicht auf allgemeine Urteile, wie es schmeckt, gut, ausgezeichnet oder schlecht. Wählen Sie differenzierte Begriffe, wie zuckersüß, honigsüß, salzig, bitter, gesalzen, mild, stark gepfeffert, saftig, zart, zäh, knusprig.

□□□□□□□□□□□□□□□□□□
□□□□

A27

Genießen Sie bewußt Getränke. Urteilen Sie auch hier möglichst treffend, z. B. mit Ausdrücken wie hopfig, malzig, feurig, spritzig, aromatisch, zart, dünn, rassig, füllig, gehaltvoll.

□□□□□□□□□□□□□□□□□□
□□□□

A28

Üben Sie sich im Abschmecken von Speisen. Konzentrieren Sie sich auf den Istzustand der Speise und prüfen Sie, ob sie nach dem Hinzufügen der Zutaten den Geschmack bekommt, den Sie erzielen wollten.

□□□□□□□□□□□□□□□□□□
□□□□

A29

Partnerübung: Ihr Partner bietet Ihnen mehrere Sorten Getränke (Speisen) an. Diese sollen Sie – Ihre Augen sind dabei verbunden – bestimmen.

□□□□□□□□□□□□□□□□□□
□□□□

Konzentrierte Realvorstellungen

A30

Lassen Sie das Tagesgeschehen – von früh bis abends – noch einmal im Geiste an sich vorüberziehen. Diese Übung wird später dadurch erschwert, daß Sie den umgekehrten Weg wählen.

□□□□□□□□□□□□□□□□□□
□□□□

A31

Lassen Sie den vermutlich morgigen Tagesablauf gedanklich an sich vorüberziehen.

□□□□□□□□□□□□□□□□□□
□□□□

A32

Gehen Sie in Gedanken Wege, die Sie oft zurücklegen. Registrieren Sie dabei alle wichtigen Stationen, wie Fußgängerüberwege, Geschäfte, Ämter, Parkplätze, Haltestellen usw.

□□□□□□□□□□□□□□□□□□
□□□□

A33

Erleben Sie gedanklich noch einmal einen Urlaub, eine Wochenendreise oder eine große Wanderung. Auch hier sollen Sie sich alle wichtigen Stationen in der richtigen Reihenfolge in Erinnerung bringen. Bleiben Sie konzentriert bei der Sache, und hören Sie nicht auf, bevor die Reise zu Ende ist.

□□□□□□□□□□□□□□□□□□
□□□□

A34

Verfolgen Sie gedanklich den Produktionsablauf bestimmter Güter. Beachten Sie die Reihenfolge der Herstellung z. B. eines Nagels, Bleistifts, Autos oder den Weg vom Korn bis zum Brot.

□□□□□□□□□□□

Konzentrierte Phantasievorstellungen

A35

Stellen Sie sich möglichst phantasievoll das Leben und die Probleme einer im Meer schwimmenden Stadt, einer Stadt unter dem Meeresspiegel oder einer fliegenden Stadt vor. Bitte konzentrieren Sie sich längere Zeit auf diese Aufgabe.

□□□

A36

Wie könnten in fünfzig Jahren eine Wohnung, ein Haus, eine Stadt, ein

Auto, ein Flugzeug, unsere öffentlichen Verkehrsmittel aussehen. Malen Sie gedanklich ein phantasievolles Zukunftsbild, widmen Sie sich jeweils einem dieser Objekte für eine längere Zeit.

□□□□□□

A37

Wie wird unser Bildungs- und Ausbildungswesen in fünfzig Jahren aussehen? Konzentrieren Sie Ihre Gedanken längere Zeit ausschließlich auf diese Frage.

□

A38

Wie können sich die Medien der Informationsübermittlung und Unterhaltung (Radio, Fernsehen, Telefon usw.) weiterentwickeln? Welche weiteren Medien könnten dazukommen?

□□□□□

A39

Skisegeln war noch vor wenigen Jahren unbekannt. Welche neuen Sportgeräte und Sportarten sind denkbar?

□

A40

Wie wird unser Leben (Gesundheit, Erholung, Arbeits-, Berufsleben, Freizeit, Ernährung) in dreißig Jahren aussehen?

□

A41

Was könnte geschehen,

a) wenn jeder Mensch genau achtzig Jahre alt würde,
b) wenn jeweils ein Jahr Sommer, dann ein Jahr Winter wäre,
c) wenn es keinen Wind mehr gäbe,
d) wenn es keine Nacht mehr gäbe,
e) wenn die Oberfläche eines Landes eben wäre.

□□□□□

Konzentriertes Denken

Bei diesen Übungen geht es darum, die Gedanken eine längere Zeit auf ein Problem, eine Fragestellung, eine Person, eine Sache, einen Vorgang zu zentrieren, um zu Lösungen zu kommen, Antworten zu finden, um sich eine Meinung zu bilden, um zu verstehen, um Folgerungen ziehen zu können und um Zusammenhänge zu begreifen.

A42

Wenn etwas nicht mehr wie üblich funktioniert (der Motor springt nicht an, die Heizung fällt aus, der Wecker bleibt stehen), dann versuchen Sie nicht, durch planloses Probieren (trial and error) zu einer Lösung zu kommen. Gehen Sie vielmehr bewußt alle möglichen Ursachen für das Versagen durch, und kreisen Sie die wahrscheinliche Ursache immer weiter ein.

□

A43

Wenn Sie etwas durchsetzen möchten (einen Sonderurlaub, eine Gehaltserhöhung, eine nochmalige Prüfung), dann denken Sie zunächst darüber nach, mit welchen Argumenten Ihr Gesprächspartner Ihr Anliegen ablehnen könnte (wichtig: gründlich, möglichst umfassend). Nun entwickeln Sie Gegenargumente, die stark genug zur Entkräftung der Argumente sind.

□

A44

Denken Sie bei Ihren täglichen Arbeiten und Verrichtungen darüber nach, ob man sie verbessern, vereinfachen, mit einer anderen Arbeit verbinden, schneller machen oder gar weglassen kann. Es kommt hier nicht so sehr auf die sofortige Durchführbarkeit der Idee an, sondern auf die Idee selbst. Quantitatives Denken soll vorherrschen.

□

Wenn Sie Probleme, Schwierigkeiten haben (ein Kunde ist mit einer Lieferung nicht zufrieden, Sie haben Mißerfolg im Beruf, in der Schule, Sie finden keinen Kontakt zu Menschen, an denen Ihnen viel liegt), dann gehen Sie konzentriert schrittweise und gründlich vor – oberflächliches Vorgehen nützt wenig – und hören Sie nicht zu früh mit dem Denken auf. Gehen Sie nach diesem oder einem ähnlichen Plan vor:

1. Fragen Sie sich zunächst, wie die Situation ist. Welche konkreten Schwierigkeiten Sie haben, wo Sie nicht zurechtkommen, warum Sie dies stört.

2. Was sind die möglichen Ursachen für diese Situation? Wie kam es dazu, warum läuft es so schlecht?

3. Was wollen Sie erreichen?
   Hier werden Sie sich über Ihre eigentlichen Ziele klar. Es sollen realisierbare Ziele sein. Konzentrieren Sie sich auf die Zielvorstellung, definieren Sie diese genau. Es nutzt gar nichts, zu sagen: »Ich werde mit dem schon ins reine kommen, ich werde meine Schulleistungen verbessern.« Nur wenn das Ziel definiert ist, kann man es bewußt ansteuern und kann später objektiv prüfen, ob es erreicht wurde.

4. Wie erreichen Sie Ihr Ziel am besten?
   Das Ziel ist definiert, nun suchen

Sie nach der besten Möglichkeit, es zu erreichen. Gehen Sie alle möglichen Wege gedanklich durch. Wägen sie das Für und Wider ab und wählen den besten Weg.

A45

Denken Sie darüber nach, wie man Alltagsgegenstände noch verwenden könnte, z. B. einen Tischtennisball, eine Streichholzschachtel, Streichhölzer, Büroklammern, eine leere Filmspule, Flaschenkorken. Wichtig ist auch hier, daß Sie längere Zeit Ihre Gedanken auf die jeweilige Frage konzentrieren und daß Sie möglichst viele Ideen produzieren. Beim Beispiel Büroklammern kann man ohne weiteres dreißig und mehr Verwendungsmöglichkeiten finden.

□□□□□□□□□□□□□□□□□□□□□

Das Theorieprogramm

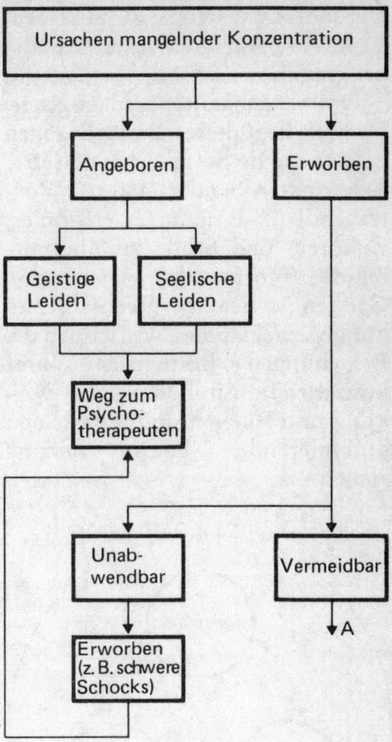

Was hindert uns, konzentriert zu sein?
Wie schalten wir Störquellen aus?

«. . . das einzig schädliche, die Zerstreutheit.»
(Carrel, Nobelpreisträger)

Die Arten der Konzentrationsmängel

Bei einem geringen Teil – man rechnet mit 2 % – sind die Ursachen für mangelnde Konzentration angeboren. Es handelt sich dabei entweder um geistige Leiden (angeborener Schwachsinn) oder um seelische (Psychopathie). In diesen wenigen Fällen besteht keine oder nur geringe Aussicht auf Heilung oder Besserung. Hier ist allein der Psychotherapeut zuständig. Es kann nicht Aufgabe dieses Arbeitsprogrammes sein, hier Ratschläge zu erteilen.

In den meisten Fällen ist Konzentrationsmangel erworben. Zu einem geringen Teil wiederum unabwendbar (dem auslösenden Ereignis konnte man nicht ausweichen); erworben als Folge schwerer Erkrankungen oder psychischer Schocks, durch schwere seelische Erschütterungen, wie sie durch Unfälle, Katastrophen, Todesfälle oder Kriegserlebnisse, aber auch bei Kindern durch die Scheidung der Eltern ausgelöst werden. Auch in diesen Fällen kann nur Hilfe vom Seelenarzt erwartet werden.

Die erworbenen Konzentrationsmängel

Der weitaus größte Teil der Konzentrationsmängel wird jedoch durch fehlerhaftes Verhalten erworben. Sie waren also vermeidbar oder sie können künftig vermieden werden. Das «Wie» aufzuzeigen, ist mit die Aufgabe dieses Arbeitsprogrammes.

Das sogenannte pädagogische Dreieck liegt diesen Betrachtungen zugrunde. Es besteht aus den drei Eckpunkten Sender (Lehrer, Vortragender), Empfänger (Schüler, Zuhörer) und Stoff (zu übermittelnde Information). Diese drei Größen stehen in Wechselbeziehungen zueinander. Wir wollen die Beziehungen hinsichtlich ihrer konzentrationsmindernden Wirkung untersuchen und jeweils den dominierenden Faktor herausstellen.

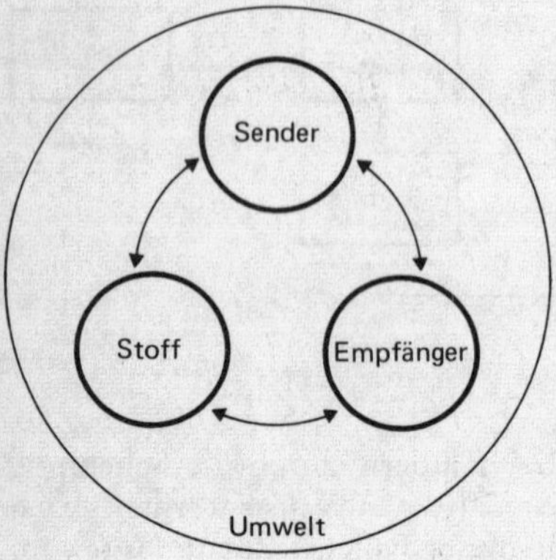

Ursachen, die mehr beim Sender liegen

Beginnen wir mit dem Sender. Er ist dann die Ursache für Konzentrationsmangel, wenn er nicht in der Lage ist, den Stoff packend vorzutragen und es ihm nicht gelingt, das Interesse der Empfänger zu wecken und wachzuhalten und so ihre Aufmerksamkeit auf den Gegenstand zu ziehen.

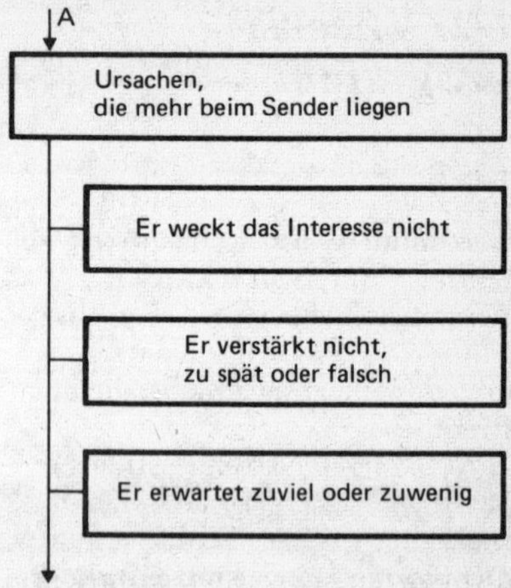

Indirekt liegt eine konzentrationsmindernde Wirkung auch in der Tatsache, daß der Sender nicht, zu spät oder falsch verstärkt. Dies liegt z. B. vor, wenn ein Vorgesetzter einem Mitarbeiter verschweigt, was er richtig und was er falsch macht, ihn also im Ungewissen über seine Leistung läßt. Wenn ein Lehrer zu spät verstärkt, eine Klassenarbeit erst dann wieder zurückgibt, wenn der Schüler am Ergebnis schon nicht mehr interessiert ist, weil längst andere Probleme behandelt werden. Ebenfalls wirkungslos wird eine Verstärkung, wenn sie phrasenhaft wiederholt wird und infolgedessen vom Empfänger nicht mehr angenommen wird.

Sender, die nicht oder nicht richtig verstärken, vergeben eine wichtige Gelegenheit, die Empfänger zu motivieren, sie zu lustvoller, konzentrierter Verrichtung ihrer Aufgabe zu animieren. Auf die Bedeutung der Motivation gehen wir im Kapitel «Über die Bedeutung der Motivation» näher ein.

Konzentrationsschädigend wirkt sich auch eine zu hohe Leistungserwartung gegenüber dem Empfänger aus. Ein Beispiel hierfür sind Lehrer, die zu hohe Anforderungen an die Schüler stellen und sie mit Nörgeleien und demütigenden Bemerkungen bedenken.

Ähnliche negative Auswirkungen hat eine zu geringe Leistungserwartung. Den Schülern wird nichts zugetraut, sie werden zu wenig gefordert. Sie werden nicht für voll genommen, oder den Mitarbeitern wird keine Verantwortung übertragen, sie erhalten nur Arbeit und keine Aufgabe. So versiegen Interesse und konzentrierte Zuwendung.

Auch Sender, die nicht die richtige Einstellung zu den Empfängern finden, sind Quellen für mangelnde Konzentration. Da ist der Lehrer zu erwähnen, dem es nicht gelingt, als Bezugsperson anerkannt zu werden und über die Köpfe der Schüler hinwegspricht, der Vortragende, der keine Atmosphäre zu schaffen weiß und der kühle Vorgesetzte, der die persönliche Zuwendung zu seinen Mitarbeitern vermissen läßt.

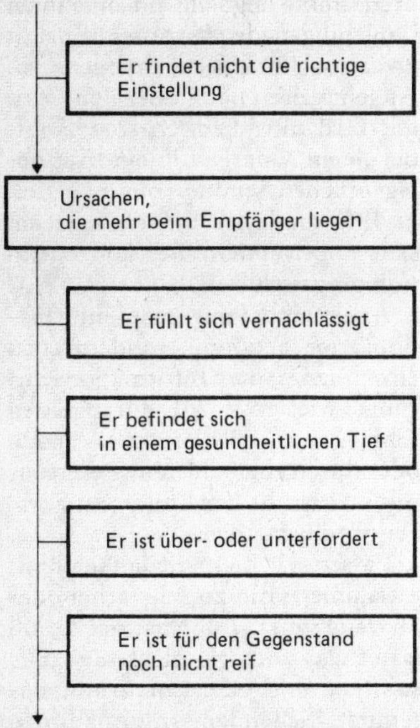

Ursachen, die mehr beim Empfänger liegen

Als Grund für Konzentrationsmängel, die mehr beim Empfänger liegen, ist zunächst das Gefühl, vernachlässigt zu sein, zu erwähnen. So hat sich z. B. gezeigt, daß Kinder dann unkonzentriert werden und einen starken Leistungsabfall zeigen, wenn die Eltern aufhören, sich für ihre Leistungen in der Schule zu interessieren. Mitarbeiter, die sich von ihren Vorgesetzten nicht beachtet fühlen, verlieren das Interesse an der Arbeit.

Es kann auch sein, daß gesundheitliche Gründe oder eine Wachstumsphase die Ursache für Konzentrationsmangel sind. Eine Überforderung in solchen Situationen ist außerordentlich gefährlich.

Auch das Gefühl über- oder un-

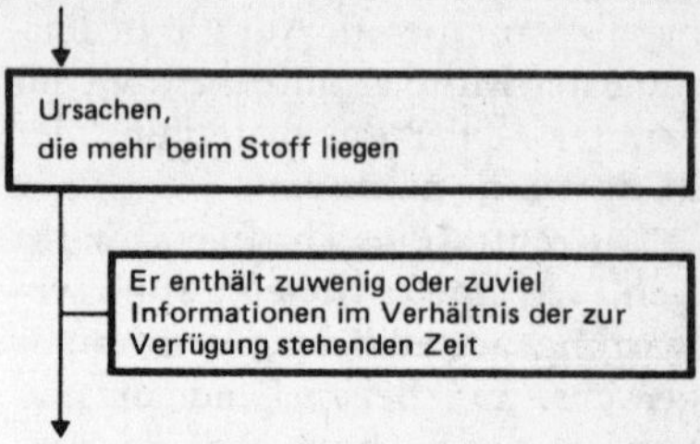

terfordert zu sein, wirkt konzentrationsschädlich. Im ersten Falle schaltet man ab, weil man nicht mitkommt, im zweiten erlischt bald das Interesse und damit die aufmerksame Zuwendung, weil es zu langweilig ist.

Besonders wichtig ist in diesem Zusammenhang die Frage der Lernreife. So gibt es Lebensabschnitte, die für den Erwerb bestimmter Wissensstoffe besonders günstig sind, der Lernende ist aufgeschlossen, interessiert und daher geneigt, Aufmerksamkeit entgegenzubringen. In anderen Phasen vermag er einer Sache einfach kein Interesse abzugewinnen.

In den Schulen läßt sich oft plötzlich eine starke Aufgeschlossenheit und konzentrierte Zuwendung auf Inhalte, für die noch vor einem Jahr kaum Interesse geweckt werden konnte, bemerken. In diesem Zusammenhang ist auch der richtige Zeitpunkt der Einschulung und des Eintritts in das Berufsleben bedeutsam. Ein zu früher Zeitpunkt ist ebenso schädlich wie ein zu später.

Ursachen, die mehr beim Stoff liegen

Nun zu den Ursachen für Konzentrationsmängel, die mehr im Stoff begründet liegen. Hier ist vor allem der Fall zu erwähnen, wenn der vorgetragene oder gelesene Stoff zu wenig Information, d. h. zu wenig Neues, Unbekanntes enthält. Durch eine solche Sendung wird die geistige Kapazität des Empfängers nur zu einem geringen Teil ausgelastet, er findet die Sendung langweilig. Er kann seine Konzentration nicht länger aufrechterhalten, er schweift in Nebenprogramme ab, d. h. er denkt an etwas anderes, Interessanteres. Diese Nebenprogramme fesseln und nehmen ihn bald ganz in Anspruch. Er sitzt zwar noch im Unterricht oder seine Augen gleiten noch über den Text, die Gedanken jedoch sind längst bei einem anderen Objekt. Aus der eigentlichen Sendung nimmt er keine Informationen mehr auf, er hat sich abgewendet, die Konzentration ging verloren.

Aber nicht nur eine informationsarme Sendung, sondern auch ein zu langsamer Informationseingang, wie er z. B. durch einen schleppend gehaltenen Vortrag oder durch eine schlechte Lesetechnik verursacht wird, führt zu Konzentrationsmangel.

Fassen wir diese Gedanken kurz zusammen: Ein zu schwacher oder zu langsamer Informationszufluß lastet das Gehirn nicht aus. Die spärlich und/oder im Zeitlupentempo fließenden Informationen fesseln die Aufmerksamkeit nicht, die Konzentration läßt nach, der Empfänger schaltet ab. Die Sendung wird wirkungslos.

Die gleiche negative Wirkung wird erzielt, wenn die Informationsdichte des gesendeten Stoffes im Verhältnis zur vorhandenen geistigen Kapazität zu groß ist. Das Gehirn kann die Informationsflut nicht verarbeiten, es kommt nicht mehr mit, es schaltet ab. Trotz großer konzentrierter Anstrengung erlischt die Aufmerksamkeit.

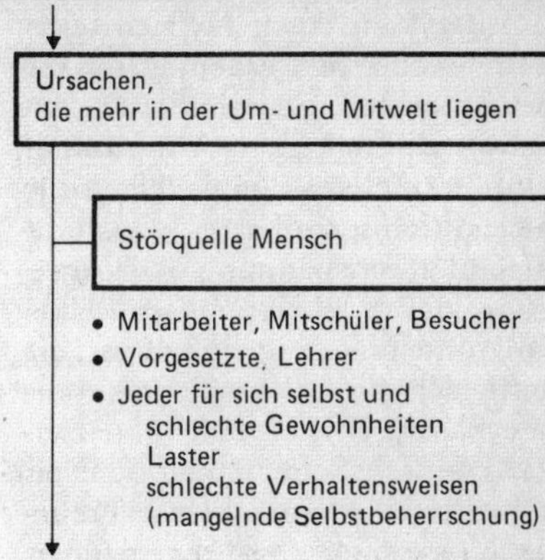

Ursachen, die mehr in der Umwelt liegen

Wir sind unentrinnbar in unsere Umwelt eingegliedert und leben in ihr und aus ihr. Die Vorteile, die sie uns spendet, dürfen wir genießen, aber auch die Nachteile müssen wir in Kauf nehmen. So wird die Umwelt in immer stärkerem Maße zur Quelle von Störungen. Manche sind unvermeidbar, müssen also ertragen werden, viele lassen sich eliminieren oder wenigstens vermindern.

Störquelle Mensch

Betrachten wir zunächst die Störquelle Mensch. Wir müssen, und das vor allem in den Ballungszentren, immer enger zusammenrükken: in Hochhäusern, Großraumbüros, in Schulklassen, Supermärkten, Freibädern und in Massenverkehrsmitteln. Uns interessieren vor allem jene Ballungen, in denen konzentrierte Geistesarbeit zu verrichten ist, also z. B. Großraumbüros oder überfüllte Klassenzimmer. Dort wird der Mensch durch sein Reden, Hantieren und Umhergehen zur Störquelle.

Aber auch im kleinen Büro oder in der Studierstube kann der Mensch zur Störquelle für andere werden, so, wenn er als unangesagter Besucher erscheint oder durch das Telefon unsere konzentrierten Kreise stört.

Studien von Professor Dr. Gerhard Preuschen, Max-Planck-Institut, Bad Kreuznach, ergaben: «Häufige Telefonate und unerwartete Besucher steigern die Pulsfrequenz bei Geistesarbeit um 15 bis 20 Schläge pro Minute. Mit besonders wichtigen Arbeiten soll man sich deshalb in ein Anti-Störkabinett zurückziehen.»[13]

Auch Vorgesetzte und Lehrer können die Konzentration anderer durch Zwischenfragen, bewußtes Beobachten oder Umhergehen stark beeinträchtigen.

Jeder kann auch für sich selbst zum Störfaktor werden; durch seine schlechten Gewohnheiten, wie Schwatzhaftigkeit, Unordnung, Unpünktlichkeit und Planlosigkeit, durch seine Laster, wie derjenige, der Entspannung oder Anregung durch übertriebenen Alkohol- und Nikotingenuß sucht, anstatt sich durch ein Sauna- oder Wechselduschbad, einen Spaziergang, durch Schwimmen oder ein gelockertes Gespräch mit Freunden wirklich zu entspannen. Ebenso tragen schlechte Verhaltensweisen zur Störung bei. Derjenige, der sich über Mißgeschicke und Mißerfolge ärgert und dadurch, wie das Wort schon sagt, die Sache nur noch ärger macht, stört sich selbst. In einem solchen Zustand negativer Gefühle ist es nicht möglich, sich auf irgend etwas zu konzentrieren, auch nicht darauf, wie man in Zukunft solche Fehlschläge vermeiden könnte. Er vergeudet lediglich Zeit und Kraft und setzt sich dazu noch der Gefahr weiterer Fehler aus. Viele Autounfälle werden dadurch verursacht, daß man sich über irgendein Mißgeschick ärgert, unkonzentriert wird und so ein weiteres hervorruft.

Wer die Einsicht gewonnen hat, daß Ärger nur verschlimmern kann, wird ihn vermeiden und durch ein Lachen zu ersetzen versuchen. Das gelingt dann leichter, wenn ein Unglück nicht aus der Jetztsituation heraus gesehen wird. Fragen Sie vielmehr, wie Sie in einigen Tagen darüber denken, wahrscheinlich werden Sie lächeln. Also ist dies auch jetzt schon angebracht.

Oder denken Sie darüber nach, ob die Sache, über die Sie bereit sind, sich zu ärgern, schwerwiegende Konsequenzen hat. Wenn nein, bemühen Sie sich, sie rasch zu vergessen. Drohen tatsächlich unangenehme Folgen, dann ist es besser, sich auf Gegenmaßnahmen zu konzentrieren (Aktivität vertreibt den Ärger), statt sich Ihre Leistungskraft durch Ärger schmälern zu lassen.

Ähnlich ist es bei Zorn- oder Wutausbrüchen, in solchen Situationen verliert der Betreffende die Kontrolle über sich und damit natürlich jede Konzentration. Er ballt die Fäuste, verzieht sein Gesicht zu einer Grimasse, springt auf und tobt.

Solche Ausbrüche und deren oft schlimmen Folgen für Ihr Ansehen können Sie vermeiden, wenn Sie die Hände und Arme lockern, statt sie zu Fäusten zu ballen, denn man kann nicht toben und dabei gelokkert und entspannt sein. Wenn Sie lächeln, statt grimmig dreinzuschauen, denn in Zorn ausbrechen und dabei freundlich lächeln, das geht nicht, gehen Sie gelassen auf und ab, statt erregt aufzuspringen, sprechen Sie ruhig und in gemäßigtem Ton, statt draufloszubrüllen. Wer sich so verhält, verliert nicht die Fähigkeit, die Situation konzentriert zu betrachten und vernünftig zu reagieren.

Sich beherrschen heißt nicht, alles zu schlucken, alles in sich hineinzufressen, es heißt vielmehr

Umleitung der Kraft aus negativen in positive Kanäle.

Störquelle Lärm

Eine wesentliche Störquelle ist der Lärm. Nicht immer und nicht für jeden ist Lärm störend. So spornt eine tobende Zuschauermenge Sportler zu Höchstleistungen an, läßt laute Marschmusik die Strapazen eines langen Marsches vergessen, ermöglicht ein aufmunterndes «Hauruck» die Mobilisierung letzter Reserven. Bei all diesen Tätigkeiten steht die körperliche Komponente im Vordergrund. Der Lärm ist Stimulus.

Erfordert eine Situation jedoch Konzentration, z. B. vor einem «Elfmeter», vor dem Aufschlag im Tennis oder vor dem Absprung beim Kunstspringen, dann ist Ruhe unabdingbar. Die Zuschauer wissen und respektieren dieses.

Bei komplizierten geistigen Arbeiten stören laute Geräusche. Es ist eben nicht wahr, daß mit Musik alles besser geht. Die Tatsache, daß Kühe mehr Milch geben, wenn die Ställe mit Musik durchflutet werden, kann hier nicht als Argument angeführt werden. Zugegeben, Musik kann bei kreativen, künstlerischen Tätigkeiten inspirierend wirken, für Arbeiten aber, die das Gedächtnis und das logische Denken beanspruchen, sind laute Geräusche (Musik, Telefonklingeln, Straßenlärm, Gespräche usw.) schädlich.

Musik wird vor allem von jungen Leuten bei Hausaufgaben als angenehm empfunden. Viele behaupten sogar, ohne diese gar nicht arbeiten zu können. Dazu Liselott Diem: «Das ist Stimulation und schädigt wie alle Stimulanzien auf die Dauer die Feinnervigkeit, nicht nur im Hören und Empfinden, sondern auch viele Organe.»[3]

Störquelle Lärm

- Verhalten bei vermeidbarem Lärm
- Einstellung zu unvermeidbarem Lärm

Auf die konzentrationsschädigende Wirkung des Lärmes wurde auch auf dem 13. Kongreß für Arbeitsschutz und Arbeitsmedizin 1973 hingewiesen[3]. Dort wurden die durch Lärm verursachten Gesundheitsschäden als häufigste Berufserkrankung eingestuft. Nervosität, Konzentrationsstörungen und Stressreaktionen sind die Folge dieser Beeinflussung. Alarmierend dabei ist, daß sich die Zahl der Lärmkranken – wie Prof. Diem berichtet – «seit 1960 alle zwei Jahre verdoppelt»[3].

Drastisch drückt es K. Tucholsky aus (zitiert bei Diem[3]): «Lärm sackt tief ins Gehirn, das saugt ihn auf wie Löschpapier das Wasser. Zum Schluß ist man ganz durchtränkt mit Lärm, niedergeknüppelt und unfähig zu denken.»[11])

Ein Teil des Lärmes ist vermeidbar oder kann auf ein erträgliches Maß vermindert werden. Stellen Sie das Radio oder den Plattenspieler leiser oder ganz aus und fordern Sie andere auf, dies auch zu tun. Das Recht ist auf Ihrer Seite. Gegenseitige Rücksichtnahme reduziert den Lärm erheblich. Ohropax ist bei vielen Gelegenheiten ein einfacher Ruhespender.

Ein beachtlicher Teil des Lärmes ist jedoch unvermeidbar. Er muß als Preis des Fortschrittes hingenommen werden. Versuchen Sie diesen Lärm nicht zu verdrängen. Ein nur sehr schwer wieder heilbarer Komplex könnte die Folge sein. Lärm wird entschärft, wenn Sie sich ihm zunächst einmal gelassen, emotionslos und bewußt zuwenden. Beurteilen Sie ihn dann objektiv: Wie oft tritt er auf? Wie intensiv ist er wirklich? Stört er tatsächlich? Wer oder was verursacht ihn? Nutzt Ihnen die Lärmquelle eventuell direkt oder indirekt auch, so z. B. die Müllabfuhr oder ein Flugzeug, mit dem Sie in den nächsten Tagen in den Urlaub fliegen? Versuchen Sie, dem Lärm etwas Sympathie oder mindestens etwas Verständnis entgegenzubringen. Wird der Lärm vielleicht durch Menschen ausgelöst, die ein verdientes Fest feiern?

Sympathischer Lärm wird nicht oder nicht in so starkem Maße als störend empfunden. So wird ein Wirt durch eine laute Stammtischrunde kaum beeinträchtigt (im Gegenteil, er freut sich über die umsatzsteigernde Wirkung der lauten Fröhlichkeit), dagegen fühlt sich ein Hausgast, der ja nicht am Gewinn beteiligt ist, sehr stark gestört.

Wenden wir uns nun der letzten Gruppe von Störquellen zu, und zwar jenen, die vom Arbeitsplatz ausgehen.

Störquelle Arbeitsplatz

Beginnen wir mit der Umgebung des Arbeitsplatzes. Ganz offensichtlich ist es für Menschen, die Arbeiten verrichten, die stark die sinnliche Wahrnehmung, das Gedächtnis und/oder das logisch-analytische Denken beanspruchen, sehr konzentrationsschädlich, wenn sich der Arbeitsplatz in der Nähe eines Fensters befindet, das den Blick auf eine verkehrsreiche Straße freigibt. Die Masse der ablenkenden Reize ist ein ständiger Störfaktor.

Für Menschen, die mehr im kreativen Bereich arbeiten, wirkt jedoch ein gewisses Maß an Umweltreizen oft eher anregend.

Auch die Farbgestaltung der Wände und Einrichtungsgegenstände spielt in diesem Zusammenhang eine beachtliche Rolle. So hat die Farbe rot eine aufreizende, erregungssteigernde Wirkung auf das Organsystem und eine alarmierende, oft angsterzeugende Wirkung auf die Psyche. Orange wirkt erregend und anspornend, eisblau und grün dagegen beruhigend und ausgleichend, ultramarin zurückhaltend und grünblau entspannend[4].

Nicht gerade konzentrationsfördernd sind zu viele und zu unruhige Bilder an den Wänden. Sie ziehen die Aufmerksamkeit auf andere Bereiche und zersplittern so die Konzentration.

Der Arbeitsplatz selbst sollte ausreichend groß sein, damit das Arbeitsstück übersichtlich aufgelegt werden kann, er sollte so gestaltet sein, daß die erforderlichen Utensilien einen festen Platz in Griffnähe haben, daß Ordnung gehalten werden kann, und nicht durch ärgerliches Suchen die Konzentration auf die eigentliche Sache verlorengeht.

Indirekt spielt auch die Sitzhöhe eine Rolle, um ein vorzeitiges Ermüden, das sich umgehend negativ auf die seelisch-geistige Verfassung auswirkt, zu vermeiden. Die Sitzhöhe sollte so sein, daß die Oberschenkel voll auf der Sitzfläche aufliegen und dabei die Füße flach auf dem Boden stehen können.

Sehr wichtig ist die richtige Beleuchtung des Arbeitsplatzes. Es ist schlecht, wenn das Licht von schräg vorne oder senkrecht auf das Arbeitsobjekt fällt; so blendet es, schädigt das Auge und vermindert die Sehleistung. Das Licht sollte von hinten über die linke Schulter auf den zu bearbeitenden Gegenstand fallen[2]. So werden die genannten Nachteile vermieden. Die Lampe sollte so angebracht und gestaltet sein, daß sie ihren Lichtkegel nur auf ein begrenztes Feld des Arbeitsplatzes wirft, somit nur das eigentliche Objekt der Arbeit gut ausleuchtet. Die nicht notwendigen Gegenstände bleiben im Dunkeln und können so nicht konzentrationsschädigend wirken.

Es ist bekannt, daß mehr als 80% aller Sinnesreize optischer Natur sind. Weniger bekannt ist es[14], daß der Sehprozeß 25% des menschlichen Energiehaushaltes verbraucht. Durch die Aufnahme, Verarbeitung und Auswertung der optischen Reize verbraucht er also ein Viertel unserer täglichen Kalorien. Wichtig aber ist es zu wissen, daß das Licht auch auf das Zwischenhirn einwirkt und so, unter Mithilfe der Hirnanhangdrüse, das vegetative Nervensystem und den Stoffwechsel beeinflußt. Eine optimale Beleuchtung, eine solche also, die dem Tageslicht nahekommt, fördert Merkfähigkeit, logisches Denken, Ausdauer, Sicherheit und Schnelligkeit sowie das allgemeine Wohlbefinden. Sie führt zu einer höheren Leistungsfähigkeit und trägt dazu bei, Fehler zu vermeiden und Ausschuß und Unfälle zu vermindern.

Corbett: «Es wird behauptet, daß überanstrengte Augen die Leistungsfähigkeit des Körpers um neunzig Prozent herabsetzen können».[2]

Störquelle Arbeitsplatz

- Die Umgebung des Arbeitsplatzes
  - Ablenkende Reize
  - Farbgestaltung
- Die Gestaltung des Arbeitsplatzes
  - Größe
  - Anordnung
  - Sitzhöhe
- Die Beleuchtung des Arbeitsplatzes
- Die Temperierung des Arbeitsplatzes
- Die Belüftung des Arbeitsplatzes

Die Konzentrations- und somit die Leistungsfähigkeit eines Menschen hängen auch stark von der Raumtemperatur ab. In zu warmen Räumen nimmt die Arbeitsintensität ab. Die Temperatur in den Büroräumen ist in der Regel zu hoch[13]. Dazu CAPITAL[13]: «Untersuchungen der Bioklimatik zeigten, daß für 70 Prozent 21 Grad die optimale Temperatur ist. 15 Prozent fühlen sich bei 20 Grad wohler. 15 Prozent brauchen 22 Grad. Von 7 bis 9 Uhr muß die Raumtemperatur um 0,5 Grad höher sein. Höhere Temperaturen als 22 Grad stören die Leistungsfähigkeit. Bei 25 Grad sinkt die Leistung um 20 Prozent.»

Als letzte Störquelle wollen wir die mangelnde Belüftung des Arbeitsplatzes erwähnen. Der Mensch kann viele Tage ohne Nahrung, wenige Tage ohne Schlaf aber nur wenige Minuten ohne Sauerstoff auskommen. Die Notwendigkeit einer sauerstoffreichen Luft wird dadurch deutlich unterstrichen, daß selbst in klimatisierten Krankenhäusern nachts die Blumen aus den Krankenzimmern getragen werden, damit der Patient nicht auf den Sauerstoff verzichten muß, den sie verbrauchen.

Jeder von uns kennt die erfrischende Wirkung einiger tiefer Atemzüge bei geöffnetem Fenster oder gar eines Dauerlaufes in der freien Natur. P. D. White von der Haward-Universität schreibt hierzu (zitiert bei Diem[3]): «If you want to know how flabby your brain is, feel your leg muscles.» (Wenn du wissen willst, wie schlapp dein Gehirn ist, befühle die Muskulatur deiner Beine.) Er erläutert den zunächst irritierenden Satz: Je elastischer der Spannungszustand unserer Beinmuskulatur das Transportsystem für den Kreislauf unterstützt, desto besser wird dabei auch das Gehirn mit Sauerstoff versorgt. Professor Liselott Diem[3] setzt fort: «Diese Regel gilt für alle Organe, ganz besonders für das Gehirn. Denn das Gehirn ist das sauerstoffbedürftigste Organ. Bei Sauerstoffmangel läßt unsere Konzentration nach. Wenn wir konzentriert geistig arbeiten müssen, benötigen wir andererseits 15 Prozent mehr Sauerstoff als bei normaler Tätigkeit.»

Viel Bewegung in der frischen Luft (Prof. Diem liefert dazu ein perfektes Programm) und gründliche Durchlüftung der Arbeitsräume bei jeder Witterung fördern also die Konzentration.

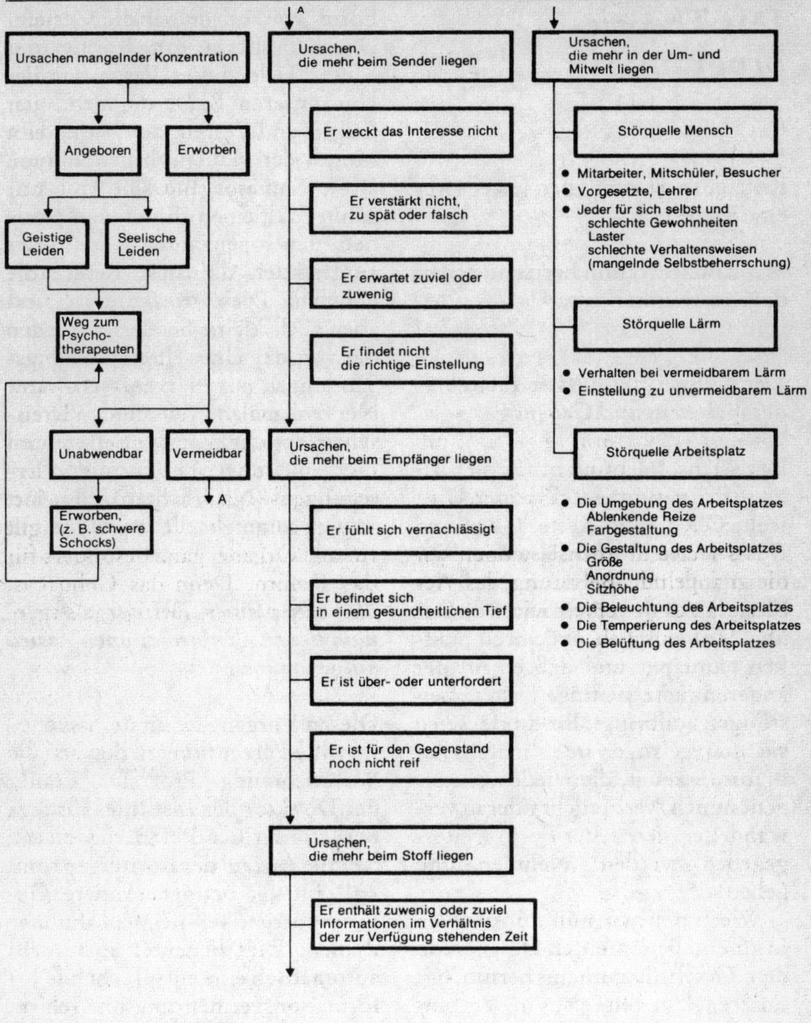
Ursachen mangelnder Konzentration
Angeboren
Erworben
Geistige Leiden
Seelische Leiden
Weg zum Psychotherapeuten
Unabwendbar
Vermeidbar
A
Erworben, (z. B. schwere Schocks)
A
Ursachen, die mehr beim Sender liegen
Er weckt das Interesse nicht
Er verstärkt nicht, zu spät oder falsch
Er erwartet zuviel oder zuwenig
Er findet nicht die richtige Einstellung
Ursachen, die mehr beim Empfänger liegen
Er fühlt sich vernachlässigt
Er befindet sich in einem gesundheitlichen Tief
Er ist über- oder unterfordert
Er ist für den Gegenstand noch nicht reif
Ursachen, die mehr beim Stoff liegen
Er enthält zuwenig oder zuviel Informationen im Verhältnis der zur Verfügung stehenden Zeit
Ursachen, die mehr in der Um- und Mitwelt liegen
Störquelle Mensch
• Mitarbeiter, Mitschüler, Besucher
• Vorgesetzte, Lehrer
• Jeder für sich selbst und
schlechte Gewohnheiten
Laster
schlechte Verhaltensweisen
(mangelnde Selbstbeherrschung)
Störquelle Lärm
• Verhalten bei vermeidbarem Lärm
• Einstellung zu unvermeidbarem Lärm
Störquelle Arbeitsplatz
• Die Umgebung des Arbeitsplatzes
Ablenkende Reize
Farbgestaltung
• Die Gestaltung des Arbeitsplatzes
Größe
Anordnung
Sitzhöhe
• Die Beleuchtung des Arbeitsplatzes
• Die Temperierung des Arbeitsplatzes
• Die Belüftung des Arbeitsplatzes

Das Theorieprogramm

Konzentriert kann man jeweils nur eine Sache tun.

Wo Konzentration herrscht, scheidet Zerstreutheit aus.

Der Mensch als Glied im Prozeß des Nehmens und Gebens

Der Mensch lebt nicht für sich allein. Er ist Bestandteil seiner Umwelt, Glied einer Kette. Glied und Kette stehen in wechselseitiger Abhängigkeit. Dies bedeutet, daß der Mensch auf der einen Seite von seinen Mitmenschen und ihren Werken empfängt und daß er auf der anderen Seite Beiträge leistet, Leistungen vollbringt, Produkte, seien sie nun geistiger oder materieller Natur, erzeugt, die wiederum aufgenommen, verbraucht oder in verwandelter, veredelter Form weitergegeben werden. Nehmen und geben!

Wie treten wir nun mit unseren Mitmenschen, mit den Dingen und dem Geschehen um uns herum, mit unserer Umwelt also in Verbindung?

Die Informationsaufnahme

Die Umwelt sendet ständig eine Unzahl von Reizen aus. Reize in Form von Licht, Schall, Geruch, Druck in Form von Wärme und Kälte. Teile dieser Reize werden von unseren Sinnesorganen, den Augen und Ohren, der Nase, dem Mund, der Haut wahrgenommen. Diese Sinnesorgane sind mit unzähligen kleinen Empfangsstationen, den sogenannten Rezeptoren ausgestattet, die diese Reize aufnehmen. Diese Rezeptoren sind aber auch kleine Sender. Sie leiten die von der Umwelt empfangenen Sendungen auf Nervenfasern oder Nervenkanälen (in der Wissenschaft spricht man von afferenten Nervenleitungen) in Form von Erregungen (Nachrichten) hin zur großen Sammelstelle, zum Gehirn.

Nur ein kleiner Teil der wahrgenommenen Informationen wird aufgenommen

Diesen Vorgang nennt der Psychologe die Perzeption, zu deutsch die Wahrnehmung. Prof. Dr. Frank, der Direktor des Institutes für Kybernetik an der PH Berlin meint, daß die Anzahl der Reizungen rund 10^{11} bit/sek beträgt. Andere Gehirnkybernetiker nennen ähnliche Zahlen. Dies bedeutet aber nicht automatisch eine entsprechende Informationsvermehrung im Gehirn, denn nur ein kleiner Teil der Umweltsendungen wird apperzipiert, d. h. aufgefaßt, nur ein Bruchteil tritt in unser Bewußtsein ein und vermehrt, ordnet, verfeinert so die bisher durch Sinneseindrücke gewonnenen Bilder.

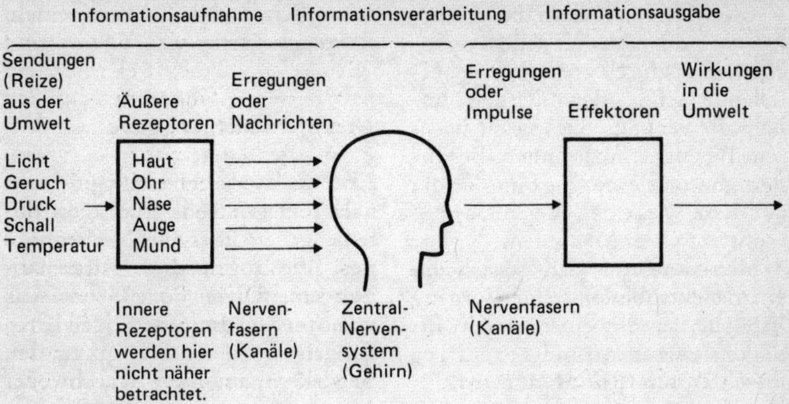

So nimmt zum Beispiel das Ohr einer Mutter die gesamte Schallkulisse eines Kinderspielplatzes wahr, bewußt hingegen wird ihr aus der Masse der Stimmen und Geräusche meist nur die Stimme ihres Kindes und obwohl ihr Auge die ganze Szenerie «filmt», werden doch nur die Bilder ihres Kindes bewußt wahrgenommen. Man sagt dann: Sie hört und sieht nichts anderes.

Vieles von dem, was unsere Sinnesorgane wahrnehmen, erreicht unser Bewußtsein nicht. Denken wir nur an das Zifferblatt unserer Uhr, an die Bilder, die uns täglich begegnen oder an die Umrisse von bestimmten Staaten, die wir allabendlich auf dem Fernsehschirm sehen. Wie schwer fällt es uns oft, diese Dinge zu beschreiben oder sie gar zu zeichnen. Anderes wiederum nehmen wir sofort bewußt wahr, und das Wahrgenommene hinterläßt in uns einen bleibenden Eindruck.

Was wird aufgenommen?

Was wählen wir nun aus der Masse des Reizangebotes aus und nehmen es bewußt wahr? Nur das, worauf unsere Aufmerksamkeit bewußt oder unbewußt gerichtet ist, nur das, woran wir interessiert sind, nur das, was wir zur Vervollständigung eines Gesamtbildes gerade brauchen, was also eine Bedeutung für uns hat.

Da es sich hier aber um recht individuelle Einstellungen handelt, gewinnt auch jeder bewußt Wahrnehmende ein subjektives, also persönliches Bild von einer gemeinsam erlebten objektiven Umwelt. Von der Stärke dieser Einstellung, oder wir können auch sagen vom Grade unserer Zuwendung zu den Umweltsendungen hängt es ab, wieviel wir davon aufnehmen.

Aber nicht nur unsere persönliche Einstellung zu unserer Umwelt bestimmt das, was bewußt werden woll, sondern bestimmte Objekte der Umwelt selbst versuchen, z. B. durch grelle Reize, auffallende Größe oder außergewöhnliche Bewegung, Zugang zu unserem Bewußtsein zu finden. Besonders die moderne Werbung findet auf diese Weise den Weg in das Bewußtsein vieler Menschen.

Man weiß nur, daß es sich um einen elektrobiologischen Vorgang handelt, der mit einer Geschwindigkeit zwischen rund 15 und 100 m/sek abläuft. Relativ langsam also im Verhältnis zur elektrischen Nachrichtenübermittlung, die ja mit einer Geschwindigkeit von rund 300000 km/sek arbeitet.

Neben den Rezeptoren, die Umweltreize aufnehmen und diese zum Gehirn transportieren, neben den äußeren Rezeptoren also, gibt es noch innere Rezeptoren, denen die Aufgabe obliegt, dem zentralen Nervensystem (Gehirn und Rückgrat) sofort alle Abweichungen von der Funktionsnorm der Organe mitzuteilen, damit dieses Maßnahmen zur Abhilfe einleiten kann. Diese interessieren jedoch in unserem Zusammenhang nicht.

Die Informationsverarbeitung

Das Gehirn ist aber nicht allein Speicher. In ihm vollzieht sich unser bewußtes Erleben. Es bewerkstelligt das Verstehen. Es kombiniert die gespeicherten Informationen und schafft daraus Neues. Allen kulturellen und zivilisatorischen Fortschritt verdanken wir seiner Kraft. Alle Funktionen im Körper werden von ihm gesteuert.

Die Informationsausgabe

Aber auch unser Handeln geschieht nach seinem Befehl. Auch diese Befehle gehen über die Nervenbahnen, die sogenannten efferenten Nervenleitungen vom Gehirn aus in Form von Impulsen oder Erregungen hin zu den Effektoren, den Bewirkern, an unsere Sprechwerkzeuge also, an unseren Bewegungsapparat, an unsere Muskeln, die dann entsprechend den Anweisungen des Gehirnes handeln, z. B. einen bestimmten Gedanken aussprechen, eine bestimmte Taste des Klaviers anschlagen oder einen Regenschirm aufspannen.

Kehren wir zurück zur Informationsaufnahme und prüfen, welche Rolle die Konzentration dabei spielt.

Die Rolle der Konzentration bei der Informationsaufnahme

Wenn wir fernsehen, liegt das Gerät selbst, der Tisch, auf dem es steht, das Gemälde dahinter und vieles andere noch in unserem Blickfeld. Aufgenommen wird nur das Fernsehbild, mitbemerkt werden aber noch andere Dinge, die sich im Blickfeld befinden.

Je stärker wir nun unsere Aufmerksamkeit auf das Fernsehbild oder gar nur auf ein Detail desselben konzentrieren, desto schärfer und deutlicher wird das Betreffende und um so mehr tritt das bisher Mitbemerkte in den Hintergrund und wird schließlich gar nicht mehr wahrgenommen. Der Bereich, der uns zum Bewußtsein kommt, wird verkleinert, gleichzeitig aber verschärft und verdeutlicht; anderes tritt vollkommen zurück.

Wir betrachteten bisher nur das Sehen. Wie ist es aber, wenn mehrere psychische Funktionen zusammentreffen, z. B. Hören und Sehen? So kann man am Telefon einer Erzählung lauschen und dabei suchend den Blick über die Unterlagen auf dem Schreibtisch gleiten lassen. Wenn nun die Erzählung bedeutsam wird, wenn sie die verstärkte Aufmerksamkeit erfordert, wenn wir uns in dieser Richtung aktivieren, dann hören wir auf, nach Unterlagen zu suchen. Das eine gewinnt an «Bewußtseinsklarheit», das andere verliert. «... niemals kommt es vor, daß gleichzeitig zwei verschiedene bewußte Prozesse den höchsten Klarheitsgrad aufweisen. Das ist die Tatsache der Enge des Bewußtseins; ... Enge des Bewußtseins bedeutet die Tatsache, daß zwei verschiedene psychische Funktionen (eigener Zusatz: Wahrnehmungen, Vorstellungen, Denken) nicht gleichzeitig mit ihrer maximalen Leistung arbeiten können.»[8] Die Enge des Bewußtseins betrifft also nicht nur das Wahrnehmen (Sehen, Hören, Tasten, Schmekken, Riechen), sondern auch die Vorstellungen und das Denken. Wir können uns jeweils bewußt nur einer Vorstellung, nur einem Gedanken widmen.

Die Rolle der Konzentration bei der Informationsverarbeitung

Oft meint man, es gelänge doch, zwei geistige Funktionen gleichzeitig konzentriert zu vollziehen. Hier handelt es sich aber immer um ein rasches Hintereinander und nicht um eine Gleichzeitigkeit. Man spricht hier von «Aufmerksamkeitswanderungen». Blitzschnell wandert dabei die Aufmerksamkeit von einem Detail zum anderen. Wenn diese Details zum gleichen Gesamtobjekt gehören, ist dieses rasche Wandern der Aufmerksamkeit nützlich. Denn der Gesamtbereich wird dadurch verdeutlicht.

Schädlich dagegen ist es, wenn unsere Aufmerksamkeit ziel- und planlos durch die verschiedenen Gebiete wandert, wenn sie vom Hundertsten ins Tausendste kommt und zum Schluß kein geschlossenes, sondern ein verwirrtes Bild entsteht.

Es ist gerade die Aufgabe der Konzentration, die psychischen Funktionen längere Zeit auf einen Betrachtungsgegenstand zu zentrieren, ihnen durch diese Bündelung die Kraft zu verleihen, eine Sache gründlich wahrzunehmen, einer Vorstellung bewußt nachzugehen, einen Gedanken konsequent zu verfolgen.

Die Rolle der Konzentration bei der Informationsausgabe

Aber nicht nur im Bereich der Informationsaufnahme (Wahrnehmungen) und der Informationsverarbeitung (Vorstellungen, Denken) führt die Konzentration auf einen Betrachtungsgegenstand zu einer Maximierung der Leistung, nicht nur hier kann man sich jeweils nur einer Sache bewußt voll widmen, sondern auch im Bereich der bewußten Informationsausgabe hat dies volle Gültigkeit; dort also, wo die Ergebnisse unserer Denkarbeit in Form von Handlungsimpulsen über die efferenten Nervenbahnen zu den Effektoren, den Wirkorganen (der Muskulatur, den Sprechwerkzeugen) geleistet werden und dort Handlungen auslösen, d. h. wo wir in Sprache, Schrift, Mimik, Gestik und Tun in unsere Umwelt hineinwirken.

Auch im Bereich der Informationsausgabe kann man zwar eine Geschichte erzählen und dabei automatisierte Handlungsabläufe vollziehen, wie z. B. Autofahren. Aber in dem Moment, wo einer dieser Tätigkeiten erhöhte Aufmerksamkeit geschenkt, die Leistungsfähigkeit gesteigert werden muß, wenn also aus der bloßen Erzählung ein genauer Bericht wird, oder die Autofahrt aus einer verkehrsarmen Gegend in das Gewühle des Fünfuhrverkehrs führt, tritt automatisch eine Leistungsminderung (viele Unfälle zeugen davon) der anderen Funktion ein.

Das Theorieprogramm

Konzentrierte Aktivierung

«Es gibt keine Kraft unter dem Himmel, welche der Menschenseele gleichkäme.»
(Paul de Lagarde)

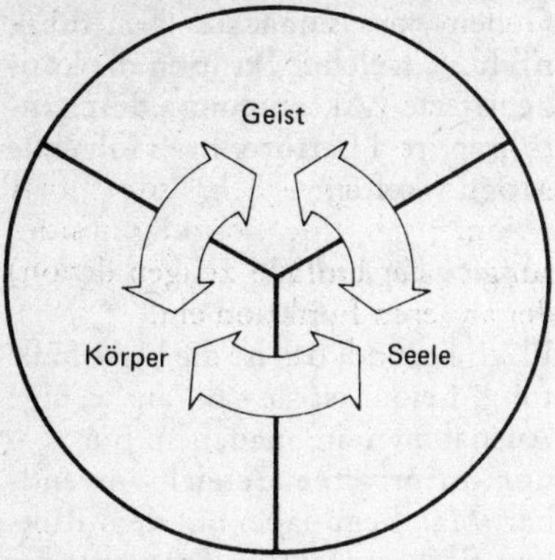

Körper, Geist und Seele bilden den Menschen. Diese drei Bereiche stehen in engen, wechselseitigen Beziehungen zueinander. Sie beeinflussen sich gegenseitig. Ein Hoch in dem einen Bereich wirkt positiv auf die anderen. So beflügelt die Freude über ein gelungenes Werk den Körper, er ist gelöst und entspannt, und der Geist wird beflügelt. So wird durch lange Spaziergänge oder Dauerläufe die Seele ausgeglichen und der Geist ideenreich. Ein guter Einfall wiederum hebt die Stimmung und erfrischt den Körper.

Angst dagegen schnürt die Kehle zu, läßt das Herz stocken, schlägt auf den Magen. Ein Schreck läßt erblassen, Scham treibt Röte ins Gesicht. Mißerfolge lähmen den Körper (Abgeschlagenheit), den Geist (Einfallslosigkeit) und die Seele (Antriebslosigkeit). Einerlei ist dabei, ob es vorwiegend körperliche, geistige oder seelische Mißerfolge sind, ein Teufelskreis beginnt: Mißerfolg – Müdigkeit – Mißerfolg – Müdigkeit – usw. Diese Art von Müdigkeit nennt man heute Versager- oder Mißerfolgsneurose.

Die ungesunde Müdigkeit

Das ist keine angenehme Müdigkeit, wie man sie z. B. nach einer langen Wanderung oder nach einer erfolgreichen sportlichen Betätigung verspürt. Bei dieser Müdigkeit ist man vielmehr abgespannt, ausgelaugt, der Geist ist ausgebrannt, man ist im wahren Wortsinne geschlagen. Der so Müde schläft nicht etwa glücklich und tief. Im Gegenteil, er findet keine Ruhe. Abgekämpft stürzt er sich in hektische Scheintätigkeiten, um schließlich in abgeschlagene Apathie zu versinken.

Natürlich sprechen wir bei der Schilderung dieser negativen Bilder von Abspannung und Überspannung und nicht von der gesunden Spannung, die für jedes Gelingen einer schwierigen Sache notwendig ist (allein die Lösung schwieriger Probleme vermittelt Erfolgsgefühle). Der regelmäßige Wechsel von

Spannung und Entspannung vermeidet krankhafte Abspannung.

Pausen sind wichtig

Sinnvoll genutzte Pausen sind notwendig. Viele Menschen halten sich für sehr tüchtig, wenn sie ihrer Tätigkeit das Attribut «pausenlos» hinzufügen können. Pausenlos gelernt, pausenlos verhandelt, pausenlos gearbeitet . . .

Sie gehen von einer Arbeit zur anderen, von einem Problem zum anderen, ohne eine entspannende Pause. Sie kehren nicht immer wieder zu sich selbst zurück, um zu regenerieren, um aus ihrer Tiefe zu schöpfen.

Sie ziehen, ziehen, spannen – ohne dazwischen zu entspannen. Keiner Stahlfeder mutet man das zu!

Mitarbeiter, die abends überspannt ihren Arbeitsplatz verlassen, haben wahrscheinlich den größten Teil des Tages nicht vernünftig gearbeitet. Sie verdienen kein Lob – sondern einen Tadel. Vernünftiges Arbeiten ist nur im sinnvollen Rhythmus zwischen Spannung und Entspannung, Belastung und Entlastung, Tun und Pause möglich. Beides muß konzentriert geschehen! Daher hat auch Professor Dr. J. H. Schultz seinem Werk «Autogenes Training» den Untertitel «Konzentrative Selbstentspannung» gegeben.

Jede neue Anspannung muß aus einer völligen Entspannung heraus geschehen! Jedes neue geistige Tun muß gegen die Erregungen des vorausgehenden Erlebnisfeldes abgeschirmt werden. Jedes Problem hat einen Anspruch auf einen frischen, unbelasteten, entspannten Denker. Ein solcher sollten Sie während Ihrer Wachzeit immer sein. Die folgenden Ausführungen über die konzentrierte Aktivierung zeigen Ihnen den Weg dazu.

Die konzentrierte Aktivierung

Gehen wir zunächst der Frage nach, in welcher Position die konzentrierte Aktivierung durchzuführen ist. Hierfür gibt es folgende Möglichkeiten:

a) flach liegend

Flach liegend, das ist die beste Haltung. Leider ist sie – bis auf wenige Ausnahmen in manchen Büros – nur im privaten Bereich anwendbar. Man liegt dabei mit dem Rükken flach auf einem Teppich oder einer harten Liege. Der Nacken wird durch ein kleines Kissen gestützt. Die Arme liegen locker, im Ellbogen leicht geknickt, vom Körper etwas abgesetzt so auf, daß die Handflächen nach unten zeigen. Die Beine sind leicht gespreizt, sie folgen der natürlichen Drehung, so daß die Fußspitzen etwas zur Seite zeigen.

b) auf einem Stuhl, Sessel oder Hocker sitzend

Man sitzt zunächst ganz aufrecht, das Gesäß ist zur Rückenlehne geschoben, so daß eine «Liegestuhlhaltung» vermieden wird. Dann entspannt man den Oberkörper, dabei krümmt man ihn leicht, die Schultern sinken nach unten, der Kopf neigt sich leicht nach vorne. Die Beine werden gespreizt, und zwar so weit, daß die Arme – Unterarme auf die Oberschenkel gestützt – gut dazwischen Platz finden können. Die Hände sind dabei locker geöffnet. Die Fußsohlen stehen voll auf dem Boden auf, weder die Fersen noch die Zehen werden dabei besonders belastet. Das ist der «Kutschersitz» (Schultz). Wenn Sie einen Sessel verwenden, lehnen Sie den Kopf gelassen an die Rückenlehne. Die Unterarme liegen locker auf den Armlehnen, wobei die Handflächen nach unten zeigen.

c) stehend

Man steht dabei breitbeinig mit durchgestreckten Knien und lehnt möglichst leicht an einer Wand. Die Arme hängen locker nach unten, die Handflächen sind geöffnet.

In allen drei Positionen gilt die Devise: locker, entspannt, bequem. Immer sind die Augen geschlossen, und auch die Gesichtsmuskulatur ist entspannt, so daß der Mund leicht geöffnet ist.

Das Langzeitprogramm

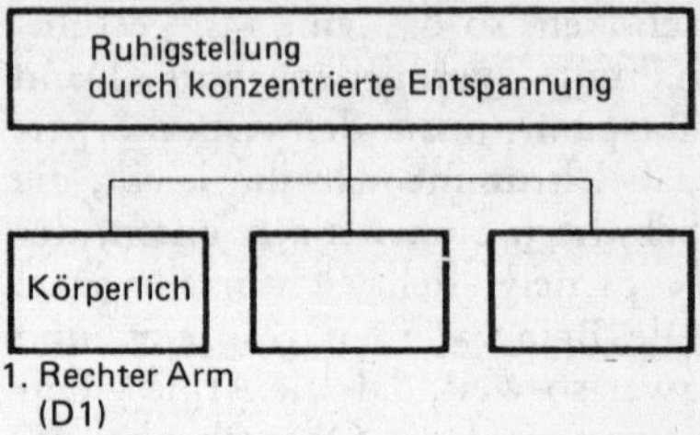

Wenden wir uns nun dem ersten Teil der konzentrierten Aktivierung zu, der

Ruhigstellung durch konzentrierte Entspannung

Wir beginnen mit der körperlichen Entspannung, wobei wir unsere Aufmerksamkeit bewußt auf den rechten Arm (Linkshänder den linken Arm) konzentrieren.

Werden Sie nicht unruhig, wenn sich die suggerierten Vorstellungen nicht sogleich verkörperlichen. Keine Übung wird sofort perfekt beherrscht, bleiben Sie gelassen, setzen sie nicht den Willen ein: Nun muß der Arm doch endlich schwer werden. Das ist falsch.

Wenn Sie das Schweregefühl im Arm nicht erreichen, beugen Sie den Unterarm im Ellbogengelenk, bilden Sie eine Faust und spannen die ganze Armmuskulatur fünf bis sieben Sekunden lang so stark wie möglich an. Danach bringen Sie den Arm in die ursprüngliche Position zurück. Ein wohliges Gefühl der Entspannung wird sich einstellen, das bald in eine angenehme Schwere einmündet.

Das Schweregefühl wird bald von einer angenehmen Wärme begleitet. Wenn das nicht von selbst geschieht, sollten Sie nicht versuchen, mit Ihrem Willen die Wärme herbeizuzwingen. Statt zu entspannen, würden Sie sich verkrampfen und so erst recht die Wärme verhindern, denn so, wie das Schweregefühl das Ergebnis einer Muskelentspannung ist, ist das Wärmegefühl ein Zeichen der verstärkten Durchblutung, die durch ein Entkrampfen des Gefäßsystems ermöglicht wird.

Wenn sie durch das Öffnen der Augen wieder «zurückkehren», werden Sie verspüren, daß sich das Entspanntsein und das Schweregefühl auch schon – obwohl Sie sich nur auf den rechten Arm konzentrierten – im linken Arm, in den Beinen und im Schulterbereich bemerkbar machte; dies ist ein Ergebnis des Zusammenhanges aller körperlichen Funktionen.

Zunächst gründlich durchlesen

D1

Schließen Sie die Augen, und stellen Sie sich vor →

Mein rechter Arm wird ganz schwer
Mein rechter Arm wird ganz schwer
Mein rechter Arm wird ganz schwer
Mein rechter Arm wird ganz schwer
Mein rechter Arm wird ganz schwer
Mein rechter Arm wird ganz schwer

Ich bin entspannt und gelassen

Mein rechter Arm wird ganz schwer
Mein rechter Arm wird ganz schwer
Mein rechter Arm wird ganz schwer
Mein rechter Arm wird ganz schwer
Mein rechter Arm wird ganz schwer
Mein rechter Arm wird ganz schwer

Ich bin entspannt und gelassen

Mein rechter Arm wird ganz schwer
Mein rechter Arm wird ganz schwer
Mein rechter Arm wird ganz schwer
Mein rechter Arm wird ganz schwer
Mein rechter Arm wird ganz schwer
Mein rechter Arm wird ganz schwer

Ich bin entspannt und gelassen

Wiederholen Sie die Übung fünfmal.

Dann bilden Sie mit beiden Händen Fäuste und beugen die Unterarme dreimal in den Ellenbogen nach oben.

Nun öffnen Sie langsam die Augen. →

Beginnen Sie jetzt mit der Übung ↑

□□□□□

D 2

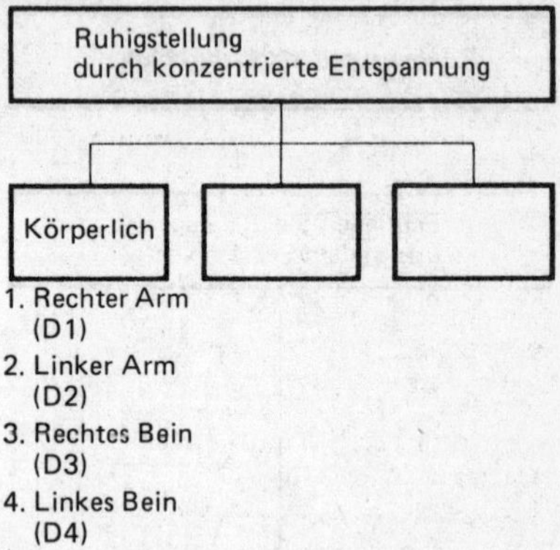

Dies führt uns zur zweiten Übung. Mit diesen Übungen beginnen Sie aber erst dann, wenn Sie die Übungen D 1 einige Tage

– pro Tag mindestens dreimal – vollzogen haben und sich die Verkörperlichung dieser Vorstellung («Mein rechter Arm wird ganz schwer») mühelos vollzieht. Erfahrungsgemäß ist das nach rund fünf Tagen erreicht.

Die Übung D 2 unterscheidet sich von D 1 nur dadurch, daß an die Stelle der Vorstellung «Mein rechter Arm wird ganz schwer» die Vorstellung «Mein linker Arm wird ganz schwer» tritt.

Daher wird diese Übung nur symbolisch angedeutet. Unter Berücksichtigung der genannten Abweichung verfahren Sie wie bei D 1.

Der Übung D 2 sollten Sie sich wiederum rund fünf Tage widmen. Auch hier stellt sich das Schweregefühl im rechten Arm und in den Beinen mit ein, obwohl die Vorstellung «Schwere» konzentriert nur in den linken Arm getragen wird.

So vollzieht sich ein permanentes Mitentspannen auch der anderen, nicht konzentriert angesprochenen Körperpartien, so daß das Übungsziel eines jeden weiteren Blocks in immer kürzerer Zeit erreicht werden kann.

Es folgen nun noch die Übungen D 3 und D 4, die wiederum nur symbolisch angedeutet werden, da beim dritten die Vorstellung «Mein rechtes Bein wird ganz schwer» und beim vierten die Vorstellung «Mein linkes Bein wird ganz schwer» im Mittelpunkt steht, alles andere bleibt unverändert.

Auch hier gilt wieder: dreimal am Tag üben! Das Übungsziel werden Sie allerdings schon nach vier oder gar nach drei Tagen erreichen.

Zunächst gründlich durchlesen

D2

Schließen Sie die Augen, und stellen Sie sich vor →

Mein linker Arm wird ganz schwer
Mein linker Arm wird ganz schwer
Mein linker Arm wird ganz schwer
.
.
.

Beginnen Sie jetzt mit der Übung ← Nun öffnen Sie langsam die Augen.

□□□□□

D3

Schließen Sie die Augen, und stellen Sie sich vor →

Mein rechtes Bein wird ganz schwer
Mein rechtes Bein wird ganz schwer
Mein rechtes Bein wird ganz schwer
.
.
.

Beginnen Sie jetzt mit der Übung ← Nun öffnen Sie langsam die Augen.

□□□□□

D4

Schließen Sie die Augen, und stellen Sie sich vor →

Mein linkes Bein wird ganz schwer
Mein linkes Bein wird ganz schwer
Mein linkes Bein wird ganz schwer
.
.
.

Beginnen Sie jetzt mit der Übung ← Nun öffnen Sie langsam die Augen.

□□□□□

Sie werden schon verspürt haben, daß mit wachsendem Übungsfortschritt die bewußte Vorstellung «Mein . . . wird ganz schwer» immer mehr an Bedeutung verliert, und daß das Schweregefühl, das nichts anderes, als der Ausdruck der Entspannung der Muskulatur ist, sich ganz einfach einstellt. Schließlich führt das Hintereinander des Übungsblocks (rechter Arm, linker Arm, rechtes Bein, linkes Bein) allmählich zu einer immer einheitlicheren Entspannung des ganzen Körpers.

Wenn dieser Zustand erreicht ist, vollziehen wir einen weiteren Schritt zur konzentrierten Entspannung.

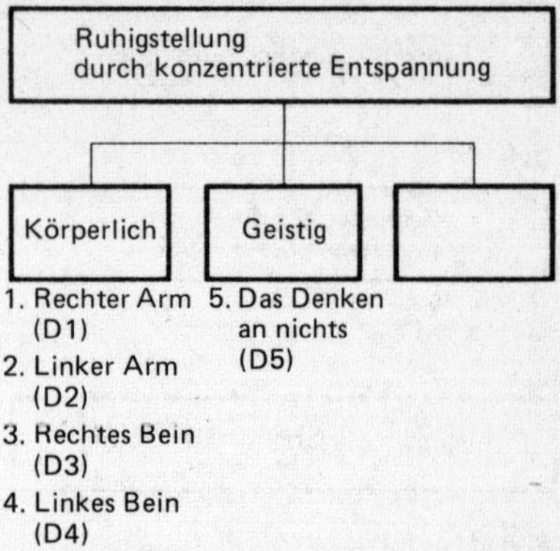

Die geistige Entspannung

Dies führt uns in den geistigen Bereich, mit dem Ziel, den Geist eine gewisse Zeit von jeder bewußten Tätigkeit zu entlasten, also einmal ganz abzuschalten. So geben wir ihm die Gelegenheit, die Ergebnisse der bisherigen Arbeit zu festigen und ihn wieder freizumachen für weitere Arbeiten.

Die einfach klingende Forderung lautet hier: «Denken Sie einmal an nichts.» Sie ist jedoch nicht so leicht zu verwirklichen, das Gehirn ist auch im bewußten Bereich ständig beschäftigt: Wahrgenommene Eindrücke werden verarbeitet, Vorstellungen wird nachgegangen, Gedanken werden verfolgt. Wie können wir nun die gestellte Forderung erfüllen?

Zunächst gründlich durchlesen

D5

Schließen Sie die Augen, und stellen Sie sich vor →

Mein ganzer Körper ist schwer und entspannt.

Vor allem meine Gesichtsmuskulatur ist entspannt.

Wenn sich diese Vorstellung verwirklicht hat, üben Sie weiter.

Ich schaue bei geschlossenen Augen in eine große dunkle Fläche.

Sie ist makellos. Nichts bewegt sich auf ihr. Auftauchende Bilder schiebe ich sofort beiseite.

Ich sehe nur eine große dunkle Fläche. Nichts außer dieser großen dunklen Fläche interessiert mich.

Nach rund einer Minute:

Bilden Sie mit beiden Händen Fäuste und beugen die Unterarme dreimal in den Ellenbogen nach oben.

Beginnen Sie jetzt mit der Übung ← Nun öffnen Sie langsam die Augen.

□□□□□

Diese Übung – und das haben Sie bereits gemerkt – ist schwierig. Sie brauchen Geduld und Ausdauer, es stellt schon eine gute Leistung dar, wenn Sie die dunkle Fläche rund fünf Sekunden lang makellos halten können. Beginnen Sie also immer wieder.

Fällt es Ihnen schwer, einmal ganz abzuschalten, dann empfiehlt sich folgende Vorübung, die Sie mit geschlossenen Augen vollziehen sollten: Stellen Sie sich dabei vor, Sie säßen auf einer Anhöhe am Ufer des Meeres. Ihr Auge gleitet über die Dünenlandschaft und trifft auf die hohe Brandung. Sie verfolgen das Ausrollen der Brecher und das sanfte Zurückfließen des Wassers. Ihr Blick schwebt dann über die hohen Wellenberge hinweg weit hinaus auf das Meer, wo sich die Wellen allmählich glätten, und trifft schließlich an den Horizont, wo Himmel und Meer ineinander übergehen. Dort verweilt ihr Blick.

Bei der geistigen Entspannung kommt der Entspannung der Gesichtsmuskulatur, neben der des gesamten übrigen Körpers, eine besondere Bedeutung zu: «Der periphere Angriffspunkt für die geistige Entspannung ist die mimische Gesichtsmuskulatur. Begleitet man die geistige Arbeit mit einem zwanglos entspannten Gesicht anstatt mit einem gespannten oder sogenannten markanten Gesicht, so denkt, rechnet und kalkuliert man ebenso entspannt, d. h. ohne Überspannung in dem entsprechenden geistigen Zentrum.»[5]

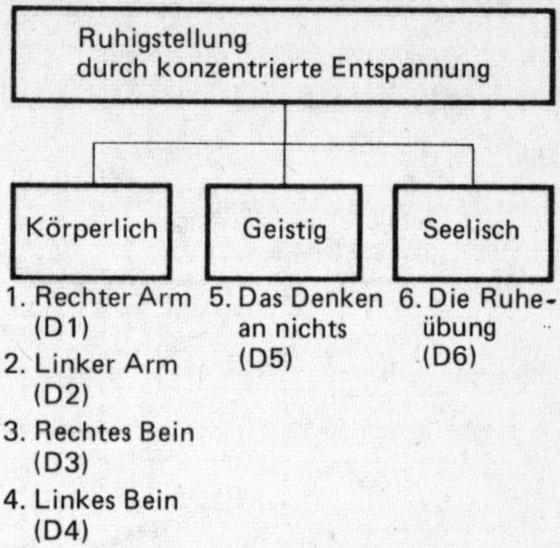

Seelische Entspannung

Jetzt kann der nächste Schritt vollzogen werden. Er zielt auf die Entspannung der Psyche, strebt also ein seelisches Gleichgewicht an. Um an die Stelle nervöser Unruhe ruhige Gelassenheit treten zu lassen, bedarf es in vielen Fällen geduldigen Übens. Seien Sie gerade in diesem Punkte nicht nachlässig. Bauen Sie geduldig die widerstandsfähige Gewohnheit auf, immer ruhig zu bleiben.

Zunächst gründlich durchlesen

D6

Schließen Sie die Augen, und stellen Sie sich vor →

Mein ganzer Körper ist schwer und entspannt.

Wenn sich diese Vorstellung verwirklicht hat, üben Sie weiter.

Ich schaue bei geschlossenen Augen auf eine große dunkle Fläche.

Wenn Sie diese Fläche rund eine Minute lang makellos gehalten haben, machen Sie den nächsten Teil der Übung.

Ich bin ganz ruhig
Ich bin ganz ruhig
Ich bin ganz ruhig
Ich bin ganz ruhig
Ich bin ganz ruhig
Ich bin ganz ruhig
Mein ganzer Körper ist schwer und entspannt.
Ich bin ganz ruhig
Ich bin ganz ruhig
Ich bin ganz ruhig
Ich bin ganz ruhig
Ich bin ganz ruhig
Ich bin ganz ruhig
Mein ganzer Körper ist schwer und entspannt.

Wiederholen Sie die Übung fünfmal.

Dann bilden Sie mit beiden Händen Fäuste und beugen die Unterarme dreimal in den Ellenbogen nach oben.

Beginnen Sie jetzt mit der Übung ←

Nun öffnen Sie langsam die Augen.

□□□□□

Normalatmung

Das gesamte Programm der konzentrierten Entspannung wird nach jeder Übung von einer immer gelösteren Normalatmung begleitet, die sich von selbst einstellt, denn wer seinen Körper gut entspannt, atmet «naturhaft richtig»[5].

Die Normalatmung ist eine Vollatmung, die die Bauch/Zwerchfell- und die Brustatmung in natürlicher Weise vereint. Viele Menschen sind bloße Brustatmer, eine Folge ihrer Nervosität; sie atmen kurz, stoßartig, pausenlos und verkrampft. Die Verkrampfung verhindert die natürliche Bauchatmung. Um sie wieder zu aktivieren, rät Dr. med. Faust[5] seinen Patienten: «Lassen Sie den ganzen Atmungsapparat Brust und Bauch einfach hängen, wie er von der Natur aus hängen will. Nur nicht den Brustkorb ausdehnen und nicht den Bauch einziehen, und dann die Atmung von selbst kommen lassen.» Dr. Faust hebt immer wieder hervor, daß «das Atmen ein Geschehenlassen ist, nicht ein Machen».

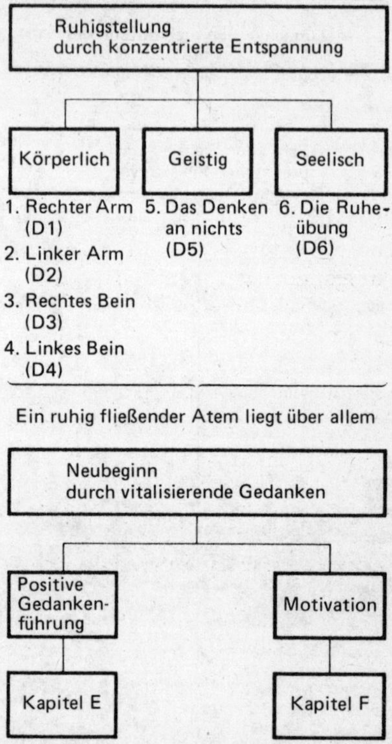

Die Normalatmung vollzieht sich in drei Schritten

Einatmen

Hier kennen wir zwei Möglichkeiten, einmal die Mundatmung, die bei großem Sauerstoffbedarf unumgänglich ist. «Die Nasenatmung ist die schonende: die feinen Härchen erwärmen die Luft, feuchten sie an und dienen gleichzeitig als Filter, um kleinste Staubteile aufzufangen. Die Nasenatmung schont nicht nur die Lunge, sondern vor allem den Nasen-Rachen-Raum, Luftröhre und Schleimhäute.»[3] Faust empfiehlt dabei, jede unnötige tiefere Einatmung zu unterlassen.

Ausatmen

Auch hier heißt es wieder: geschehenlassen und nicht machen, die Luft fließt langsam und sanft durch die Nase ab.

Atempause

«Die Pause nach der Ausatmung gehört als unentbehrliches Moment zum Normalatmungstyp beim ruhenden Körper.»[5] Diese Pause fällt gerade dem nervösen Menschen schwer. Bei ihm «ist die ganze Atmung . . . derart überspannt (hypertonisiert), . . . daß es ihm lange nicht gelingt, eine wirkliche Atempause einzuschalten»[5]. Dr. Faust weist dann darauf hin, daß die natürliche Atempause nichts mit dem Anhalten der Luft zu tun hat. Die Atempause wird durch das Von-selber-Wiederkommen des Einatmens beendet.

Wir haben nun den ersten Teil der vitalen Aktivierung, Ruhigstellung durch konzentrierte Entspannung, beendet. Dabei haben wir gelernt, richtig Pausen einzulegen und uns körperlich, geistig und seelisch zu entspannen. Die Pause soll uns von einer Überspannung in die Normallage zurückführen, aus der heraus wir wieder in der Lage sind, uns einer neuen Aufgabe voll zu widmen.

Die Gefahr der Erschlaffung

Wichtig ist, daß der Entspannungsvorgang nur bis zur Normallage führen darf. Wird die Grenze unterschritten, tritt eine Erschlaffung ein, aus der heraus keine Leistung möglich ist (vergl. auch Faust[5]).

Daraus ergibt sich, daß dieses Programm nur in Phasen der Überspannung eingesetzt werden soll. Es genügen dann im Durchschnitt fünf Minuten, um wieder zur Normallage zurückzufinden.

Wird ein Überspannungszustand nicht entspannt, wird im Gegenteil krampfhaft weitergespannt, dann tritt allmählich ein krankhafter Überspannungszustand ein, aus dem heraus der Weg in die Normallage nicht mehr so einfach ist. Normalerweise genügen vormittags und nachmittags je zwei Phasen der vitalisierenden Entspannung von bis zu fünf Minuten Dauer, um einer pathologischen Überspannung und somit vegetativer Dystonie, Neurosen und Neuratenie zu begegnen.

Wenden wir uns nun dem zweiten Teil der konzentrierten Aktivierung zu, dem

Neubeginn durch vitalisierende Gedanken

Körperlich, seelisch und geistig befinden wir uns nun in der Normallage, weder überspannt noch erschlafft. Wir können uns, ohne Belastungsrückstände aus der vorhergehenden Situation, neuen Aufgaben und Problemen widmen. Das ist gut so, denn neue Aufgaben und Probleme haben Anspruch auf einen Bearbeiter, der sich in der Normallage befindet, der sich also ohne «Vorbelastung» mit voller Spannkraft dem Neuen zuwenden kann.

Dieses gesunde Kraftpotential, das wir für die künftige Tätigkeit bereitgestellt haben, könnte allerdings frühzeitig vergeudet werden, gingen wir mit einer falschen inneren Einstellung ans Werk: Mit entmutigenden Gedanken an Mißerfolg und/oder dem bremsenden Gefühl der Unlust.

Der Abschnitt Neubeginn durch vitalisierende Gedanken hat innerhalb der konzentrierten Aktivierung die Aufgabe, solche Fehleinstellungen zu vermeiden oder ihnen entgegenzuwirken. Dies soll durch zwei gedankliche Aktivitäten geschehen: durch die positive Gedankenführung, dargestellt im Kapitel E, und die Motivation, dargestellt im Kapitel F.

Das Theorieprogramm

Vom positiven Denken und positiven Handeln

«Was wir glauben, hat Macht über uns.»

Die Gefahren des negativen Denkens

Viel Kraft, Zeit und Gesundheit geht durch negative Vorstellungen und Gedanken verloren. Wir sorgen uns um unsere Gesundheit und berufliche Existenz, ängstigen uns vor bevorstehenden Prüfungen, fürchten uns vor etwas Unbekanntem, das uns bedrohen könnte. Wir stellen uns immer wieder die ängstliche Frage: «Wird das auch gutgehen?» Wir sagen uns sogar: «Es geht ja doch wieder schief.» Wir hängen auch Vergangenem nach und bedauern, dieses oder jenes nicht gut gemacht oder versäumt zu haben. Häufig grübeln wir über Dinge nach, die nicht mehr zu ändern sind.

Diese negativen Vorstellungen und Gedanken verkrampfen und lähmen uns, sie mindern so unsere Leistungsfähigkeit und schädigen unsere Gesundheit. Der weise Volksmund sagt treffend: «Die Angst schnürt die Kehle zu, sie schlägt auf den Magen, sie umfaßt wie eine eiserne Hand das Herz.»

«Nur wenige aber bedenken dabei, daß auch die Angst – als negatives gefühlsbetontes Denken – schöpferisches Denken in Richtung auf das Wirken bringt, also praktisch das Gefürchtete herbeiziehen oder schaffen hilft, bis man schließlich, gleich Hiob, erlebt: ‹Was ich befürchtet habe, das ist über mich gekommen.› Schon beim Zweifel lenken wir durch inneren Zwiespalt unsere Kräfte teils in positive, teils in negative Kanäle, was erfolgspsychologisch Zersplitterung und Minderung der Leistungskraft und Schwächung des Verwirklichungsvermögens bedeutet.»[9]

Positives Denken als wirkungsvolles Mittel gegen negative Einstellungen

Wir haben jedoch ein wirksames Mittel gegen Angst, Schwarzseherei, Depressionen und Zweifel. Da wir uns nur einer Sache bewußt widmen können, setzen wir künftig an die Stelle negativer Vorstellungen und Gedanken positive und je mehr wir diese maximieren, desto gründlicher verdrängen wir die quälenden, zerstörerischen, negativen Gedanken.

Die positive Einstellung müssen Sie jedoch konsequent gegen die anstürmenden negativen Gedanken verteidigen.

Verlieren Sie nicht die Geduld. Fehlschläge dürfen Sie nicht zweifelnd machen. Die alte Gewohnheit, negativ zu denken, kann nicht einfach von einem zum anderen

Tag abgestreift werden. Alte Gewohnheiten muß man durch stärker wirkende neue Gewohnheiten überlagern und sie so allmählich unwirksam machen.

Warum sind negative Einstellungen oft so dauerhaft?

Das negative Denken ist in vielen Fällen sehr hartnäckig. Da in vielen Menschen schon in frühen Jugendjahren stark wirkende negative Programme aufgebaut und ständig gepflegt wurden, haben sie mit den Jahren förmlich den Charakter eines Wesenszuges angenommen. Das beginnt meistens bereits bei Dreijährigen, die sich im Warum-Fragealter befinden, bei ihnen erwacht die Neugierde, der Wissensdrang und sie wollen allen Dingen auf den Grund gehen: «Warum machst du das so, warum ist das so?» Ungeduldige (ungeschulte) Eltern ersticken diesen Wissensdurst bereits früh mit solchen oder ähnlichen Antworten: «Das verstehst du nicht, dazu bist du noch zu klein, das ist zu kompliziert für dich.» Oft wiederholt, prägen sich diese unüberlegten Formeln im Kind ein und schaffen in ihm ein negatives Ichbild. Solche negativen Sendungen wiederholen sich im Leben eines Menschen: im Kindergarten, in der Grundschule, im Gymnasium, im Berufsleben. Sie potenzieren sich und fixieren das negative Ichbild, welches sich tief im Unterbewußten einprägt.

Menschen mit negativer Ichbetrachtung gehen an Neues mit negativen Gefühlen heran, mit dem Gedanken, irgendwie wird es wohl wieder schiefgehen. Das macht sie ängstlich, zaghaft, unentschlossen. Jede neue Situation, die irgendwie einer negativ verlaufenen früheren ähnlich ist, ruft diese wieder herauf. Das Unterbewußtsein signalisiert Gefahr! Versagen droht!

Diese negativen, zerstörerischen Sendungen aus dem Unterbewußtsein, die Negatives geradezu erwarten und somit einleiten, kann man langfristig durch bewußte positive Gedankenführung bekämpfen.

Positives Denken ist nicht kritiklos!

Hier soll nicht eine kritiklose Schönfärberei empfohlen werden. Positives Denken ist nicht Kritiklosigkeit und negatives Denken ist nicht kritisches Denken. Negatives Denken ist Schwarzsehen, ist Angstdenken. Benedikt Spinoza schreibt treffend: «Solange ein Mensch sich einbildet, daß er dies oder jenes nicht fertigbrächte, solange ist er auch entschlossen, es nicht auszuführen. Daraus folgt, daß es ihm so lange auch unmöglich ist, es zu tun.»

Typisch für das Angstdenken ist die Entscheidungsscheu und die Entschlußlosigkeit. Immer, wenn es etwas zu unternehmen gilt, besteht eine Wahlmöglichkeit (Nehme ich diesen oder jenen Weg?), es muß eine Entscheidung getroffen werden. Dazu ist kritisches Denken notwendig. Vor- und Nachteile müssen gegenübergestellt und abgewogen werden. Es gilt, die eigenen Kräfte objektiv einzuschätzen.

Entscheidung

Angstdenker sehen immer wieder ein «Wenn» und ein «Aber». Sie können sich nicht entscheiden. Wer sich zu nichts entscheidet, kann auch keinen Entschluß fassen, etwas zu unternehmen. Shakespeare: «Unsere Zweifel sind Verräter. Durch die Furcht vor dem Versuch lassen sie uns oft das Gute verlieren, das wir erringen könnten.»

Entschluß

Positive Denker entscheiden sich, wissend, daß irgendeine Entscheidung besser ist als ein passives Verharren (Frisch gewagt ist halb gewonnen oder Goethe: «Lerne nur das Glück ergreifen, denn das Glück ist immer da.») und daß nur durch eine Entscheidung die Möglichkeit besteht, etwas durchzuführen.

Verwirklichung

Die Ausführung des Entschlusses wird von positiv eingestellten Menschen kraftvoll bejahend unterstützt. Sie konzentrieren sich, glauben an den positiven Verlauf und schaffen durch die Bündelung der Gedanken auf das eine Ziel ein kraftvolles Denken und ein starkes, Hindernisse überwindendes Handeln. Positives Denken und Wollen allein ist nicht ausreichend. Goethe: «Es ist nicht genug zu wissen, man muß auch anwenden; es ist nicht genug zu wollen, man muß auch tun.»

Es muß gehandelt werden und dieses Handeln muß wiederum durch positive Gedanken (Ich werde es schaffen, allen Hindernissen zum Trotz) unterstützt werden. So wird das Ziel erreicht. Aus dem Mißerfolgsdenken wird allmählich ein zuversichtliches Erfolgsdenken. Zum positiven Denken gehört auch die Orientierung an bereits erfolgreich gemeisterten Situationen: Damals ging es gut, es wird auch heute gutgehen. Der Glaube versetzt Berge!

Das Langzeitprogramm

E1

Richten Sie Ihre Aufmerksamkeit nicht auf das, was stört oder stören könnte, schauen Sie nicht auf das, was Ärger bereiten könnte, grübeln Sie nicht darüber nach, was Unangenehmes auf Sie zukommen könnte, denken Sie nicht an Unfälle und Krankheiten. Machen Sie solche Dinge nicht zum Gegenstand Ihrer Gespräche, es sei denn, sie dienen der Klärung.

□□□□□□□□□□□□□□□□□□
□□□□

E2

Beachten Sie, daß jedes Ding mindestens zwei Seiten hat und daß diese nur in seltenen Fällen ausschließlich negativ sind. Stellen Sie bewußt bei Ihren täglichen Pflichten, Aufgaben und Handlungen die positive Seite in den Vordergrund, ohne dabei jedoch die negative unkritisch zu übersehen. Bejahen Sie aber das Positive.

□□□□□□□□□□□□□□□□□□
□□□□

E3

Konzentrieren Sie sich bewußt auf die positiven Seiten Ihrer Mitmenschen. Heben Sie diese in Ihren Gedanken und Äußerungen hervor.

□□□□□□□□□□□□□□□□□□
□□□□

E4

Denken Sie bei allen mitmenschlichen Beziehungen über die Frage nach, welche positiven «Zusätze» möglich sind (Ratschlag, Hilfeleistung, Lob, Anerkennung).

□□□□□□□□□□□□□□□□□□
□□□□

E5

Konzentrieren Sie sich auf die positiven Leistungen in Ihrem Leben, auf Situationen, in denen Sie es geschafft haben. Gewinnen Sie daraus eine positive Einstellung.

□□□□□□□□□□□□□□□□□□
□□□□

E6

Denken Sie sofort an positive Dinge, wenn negative Gedanken aufkommen. Konzentrieren Sie sich auf Mut, wenn sich Angst einschleicht, auf Zuversicht, wenn Sie Zweifel quälen, auf Hoffnung, wenn Sie verzagen wollen, auf Liebe, wenn sich Haß einstellen möchte, auf Gönnen, wenn Neid aufkommt, auf Großzügigkeit, wenn Sie zum «Kleinigkeitskrämer» zu werden drohen, auf Tatkraft, wenn Sie Lustlosigkeit quält.

□□□□□□□□□□□□□□□□□□
□□□□

E7

Verwenden Sie regelmäßig und bewußt Formeln, die Sie allmählich positiv programmieren:
Es geht mir gut.
Es geht mir immer besser.
Ich werde nicht krank.
Ich widerstehe der Ansteckungsgefahr.
Meine Kopfschmerzen lassen nach.
Ich werde ganz tief schlafen.
Mein Magen entkrampft sich.

□□□□□□□□□□□□□□□□□□
□□□□

E8

Stellen Sie sich vor entscheidenden Gesprächen, Prüfungen, Verhandlungen, Gerichtsverfahren positiv ein: «Ich werde mit meinem Gesprächspartner gut zurechtkommen.» «Wir wollen ein Ergebnis erzielen, das beide Seiten befriedigt.» «Der Prüfende ist sicher auf eine objektive Leistungsmessung bedacht.»

□□□□□□□□□□□□□□□□□□
□□□□

E9

Begleiten Sie Ihre Handlungen mit positiven Gedanken. Bestätigen Sie sich selbst objektiv Erfolge: «Der Anfang ist gemacht.» «Ich komme gut voran.» «Gut, dieses Hindernis ist genommen.» «Nur nicht lockerlassen.» «Bangemachen gilt nicht.»

□□□□□□□□□□□□□□□□□□
□□□□

Das Theorieprogramm

Über die Bedeutung der Motivation

«Motivation ist im Grunde nichts anderes als der natürliche starke Drang im Menschen, seine Bedürfnisse zu befriedigen.»
(Rajkay)

Es gibt Dinge, denen unsere Aufmerksamkeit zufliegt, die uns fesseln und nicht mehr loslassen, auf die wir uns freiwillig konzentrieren.

Dann wieder gibt es solche, auf die wir uns nur mit großer Anstrengung konzentrieren können und schließlich die, denen wir uns einfach nicht zuwenden wollen.

Gehen wir nun der Frage, woran das liegt, nach. Für alles, was wir bewußt tun, brauchen wir ein Motiv, einen Beweggrund, einen Grund also, der etwas in Bewegung setzt. Was setzt uns in Bewegung, was veranlaßt uns, etwas zu tun?

Recht einseitig sahen Freud den Libido und Adler den Machttrieb als Grundmotiv des Handelns. McDougall nennt achtzehn Ziele und Werte, denen er eine motivierende Wirkung zuschreibt, darunter Nahrungssuche, Neugier, Furcht, Geselligkeit, Fürsorge.

Die Maslowsche Arbeitsmotivationstheorie

1. Stufe: Befriedigung der körperlichen Bedürfnisse

Die wohl gründlichste Analyse der Beweggründe für menschliches Handeln finden wir in der Maslowschen Motivationstheorie[7]. Nach Maslow trachtet der arbeitende Mensch zunächst, seine körperlichen Bedürfnisse zu befriedigen. Sein Motiv ist es, Geld zu verdienen, um dadurch in der Lage zu sein, seinen Hunger und Durst zu stillen, sich ein Dach über den Kopf zu schaffen und sich zu kleiden.

2. Stufe: Soziale Sicherheit

Ist eine Position errungen, die ihm die Befriedigung dieser Bedürfnisse erlaubt, strebt er danach, das Erreichte zu sichern, er strebt nach Sozialleistungen und Altersversorgung. Er ist nicht an irgendeiner Arbeit interessiert, vielmehr legt er nun Wert auf Arbeitssicherheit, Arbeitsklima und Ethik des Unternehmens. Er ist motiviert, dafür etwas zu leisten. Ist das alles erreicht, sind diese Bedürfnisse also befriedigt, verlieren sie ihre Motivationswirkung.

3. Stufe: Soziale Bedürfnisse

Befriedigte Bedürfnisse motivieren nicht mehr. Unzufriedenheit stellt sich ein und mit ihr neue Bedürfnisse, die nach einer Befriedigung drängen. Diese liegen wiederum auf einer höheren Ebene, es sind soziale Bedürfnisse, die ihn nun bewegen. Er strebt nach guten Beziehungen zum Chef, zu den Geschäftskollegen und Geschäftsfreunden. Er möchte Kontakte knüpfen und pflegen, er strebt nach Ansehen (Prestige).

Auch diese Bedürfnisse verlieren, wenn sie befriedigt sind, ihre motivierende Wirkung. Neue Bedürfnisse, wiederum auf einer höheren Stufe, erwachen.

4. Stufe: Wertschätzung durch andere

Er strebt nun danach, die Wertschätzung anderer zu erlangen und möchte sowohl in seiner Persönlichkeit als auch in seiner Leistung Anerkennung finden. Er legt Wert auf einen möglichst hohen Status innerhalb des Unternehmens, er trachtet nach Förderung.

5. Stufe: Selbstachtung

Waren die Bedürfnisse bisher nach außen gerichtet, so beziehen sich die folgenden auf das Ich des Handelnden. Er fühlt sich nun von seiner Umgebung anerkannt und geschätzt. Jetzt fängt er an, sich an selbstgesetzten Maßstäben zu messen. Er betrachtet sich kritisch und möchte hohen Selbstanforderungen genügen, um so zu Selbstvertrauen und Selbstachtung zu kommen.

6. Stufe: Selbstverwirklichung

Hat er diese Stufe erreicht, sucht er weitere Erfüllung in der selbstlosen Verwirklichung seines Ichs. Persönliches Wachstum und die Möglichkeit, schöpferische Beiträge zu leisten, motivieren ihn stärker als materielle oder immaterielle Entgelte.

Maslow[7]: «Die Selbstverwirklichung ist ein permanentes, nie voll zu erreichendes Ziel; und gerade deshalb bleibt es ein starkes Motiv, von dem aus die Aktivität, vor allem die Aktivität in der Arbeit, ständig mobilisiert werden kann.»

Wiedemann[12]: «Der Drang nach Selbstverwirklichung ist also das entscheidende Motiv, das den Menschen zum Handeln ruft. Dieser Drang stellt die anthropologische Basis der Bereitschaft zur Arbeit, zum Fleiß, zum inneren Engagement dar. Dieser Drang bewirkt, daß der Mensch mit seiner ganzen Persönlichkeit und nicht nur von seiner Peripherie her der Arbeit verhaftet ist.»

Die Gefahr wiederholter Fehlschläge

Viele Menschen erreichen jedoch nicht alle diese Ziele; sie scheitern bereits vorher. Dieses Scheitern kann zu einer «Dennoch-Haltung» führen und so als Antrieb wirken. Wiederholen sich jedoch die Fehlschläge, bleiben Erfolgsgefühle auf die Dauer aus, resigniert der Mensch, er verliert Lust und Antrieb («es hat ja doch keinen Zweck, ich schaffe es doch nicht»). Die Folge ist Apathie oder er rächt sich an der Gesellschaft, die ihm Erfolgsgefühle nicht ermöglicht, durch offene Aggression.

Maslows Arbeit befaßt sich mit der Arbeitsmotivation, der Gegenstand seiner Betrachtungen ist der im Arbeitsprozeß stehende Erwachsene.

Die Lernmotivation

Welche Motive bewegen dagegen einen Schüler zum Lernen? Sie sind u. a. abhängig vom Alter, der sozialen Schicht, der Einstellung des Elternhauses, von der bisherigen Lernerfahrung, vom Verhalten des Lehrers, von der sozialen Einstellung des Lernenden, von seiner Konstitution sowie seiner Gesundheit, von der Zeitdauer der Entstehung des Motives bis zur Erreichung des erstrebten Zieles.

Die Lernmotive, die für den interessierten Pädagogen wichtig sind und die im einzelnen von den Schülern genannt werden, sind – ungeordnet, unklassifiziert und unkorrigiert – folgende:

Schüler lernen,
um vom Lehrer gelobt zu werden,
um einem Lehrer eine Freude zu machen,
um den Eltern eine Freude zu machen,
um besser zu sein als ein Mitschüler oder ein Geschwister,
um eine Auszeichnung, einen Preis zu bekommen,
um eine ausgesetzte Prämie zu erhalten,
um von anderen anerkannt zu werden,
um Macht zu gewinnen,
um sich nicht zu blamieren,
um eine Note zu halten,
um das Klassenziel zu schaffen,
um Strafen zu vermeiden,
um jemandem nachzueifern,
um ihr Wissen zu mehren,
um eine einträgliche Stellung zu erringen,
um einen befriedigenden Beruf zu erlangen,
um ihr Gewissen zu beruhigen.

Die Primärmotivation

Primärmotiviert nennt man Menschen, die eine Sache aus ursprünglichem Interesse heraus erledigen, ohne daß sie einen Vorteil, ein Lob erstreben oder einen Nachteil, einen Tadel vermeiden wollen. Sie bedürfen keines bewußten Antriebes. Die Sache selbst lockt und fesselt sie. Dies ist so bei Lieblingsbeschäftigungen oder bei jenen Menschen, die ihre Beschäftigung als Aufgabe sehen, die von ihr erfüllt sind und sie nicht als notwendiges Übel betrachten. In solchen Fällen ist die Konzentration automatisch vorhanden.

Die Selbstmotivation

Wer nicht primärmotiviert ist, muß sich selbst motivieren (Selbstmotivation) oder muß von anderen (Vorgesetzten, Eltern, Lehrern) motiviert werden (Fremdmotivation). Ohne Motivation kann keine Leistung erbracht werden.

Die Fremdmotivation ist ein Führungsproblem und ist somit in diesem Zusammenhang nicht relevant. Bleibt die Selbst- oder Eigenmotivation. Hier können zwei Motivationstypen unterschieden werden:

Die positive Selbstmotivation

Wird etwas erledigt, um einen Erfolg zu erringen, spricht man von positiver Selbstmotivation. Bei Menschen, die sich so motivieren, werden Handlungen ausgelöst und in Gang gehalten durch Vorstellungen wie: «Ich werde dadurch einen Nutzen haben, ich werde erfolgreich sein und mich darüber freuen, ich werde dadurch auch anderen eine Freude bereiten, ich werde anerkannt werden, ich werde geliebt und gelobt werden.

Die negative Selbstmotivation

Das Handlungsmotiv des anderen ist das Bestreben, einen Mißerfolg (Tadel, Strafe, Blamage) zu vermeiden.

Es ist natürlich wesensabhängig, daß sich der eine von der Hoffnung auf Erfolg, der andere von der Angst vor Mißerfolg motivieren läßt. Auch der sich negativ Motivierende («Ich tue es eben, um das oder jenes Unangenehme zu vermeiden.») sollte durch ständige Selbstbeeinflussung aus dieser Sklavenhaltung heraus zu einer positiven (überzeugten) Selbstmotivation und so zu einer lustvollen Verrichtung seiner Aufgaben kommen.

Die positive Selbstmotivation ist dauerhafter und widerstandsfähiger. Sie schafft ein gutes Verhältnis zum Arbeitsgegenstand und somit ein günstiges Lernklima. Dem positiv Motivierten fällt es daher auch leichter, mit seiner Aufmerksamkeit länger bei einem Betrachtungsgegenstand zu verweilen, also konzentriert zu sein. So schafft er die Voraussetzung für den Erfolg.

Das Langzeitprogramm

F1

Beginnen Sie nie etwas mit einem Unlustgefühl. Sie werden mit einer solchen Einstellung nicht vorankommen, oder Sie werden auf ein mißglücktes Werk zurückschauen. Zur Unlust kommt dann noch der Ärger hinzu.

□□□□□□□□□□□□□□□□
□□□□

F2

Haben Sie keine Angst vor dem Anfang. Fangen Sie ohne Vorurteil an. In vielen Fällen stellt sich die Freude an der Arbeit erst später ein.

□□□□□□□□□□□□□□□□
□□□□

F3

Identifizieren Sie sich mit dem Gegenstand, dem Ihre Aufmerksamkeit gelten soll. Sagen Sie: «Das ist jetzt meine Aufgabe, mein Problem.»

□□□□□□□□□□□□□□□□
□□□□

F4

Sagen Sie nicht leichtfertig oder als eine Schutzbehauptung: «Das interessiert mich nicht.» Wie wollen Sie das wissen, wenn Sie sich mit der Sache noch nicht näher befaßt haben. Geben Sie sich eine Chance, geben Sie dem Lehrer eine Chance, geben Sie dem Stoff eine Chance.

□□□□□□□□□□□□□□□□
□□□□

F5

Denken Sie auch daran, daß Sie anderen einen Dienst leisten können, wenn Sie Ihre Aufgabe gelöst haben. Sie können dann beraten, erklären, helfen. Sie können dann Gutes tun und so glücklich werden. Do ut des! Gib, und Dir wird gegeben werden.

□□□□□□□□□□□□□□□□
□□□□

F6

Stellen Sie sich vor, wie schön es sein wird, wenn die Arbeit getan ist. Jetzt sehen Sie z. B. vor Ihrem geistigen Auge den aufgeräumten Schreibtisch, die leere Mappe für unerledigte Post, die ausgefüllte Einkommensteuererklärung, die fertige Hausaufgabe.

□□□□□□□□□□□□□□□□
□□□□

F7

Spüren Sie das schöne Gefühl, das Sie haben werden, wenn Sie eine neue Technik beherrschen, wenn Sie einen eleganten Schwung mit den Skiern in den Neuschnee ziehen, wenn Sie einen Motor reparieren können, wenn Sie Gitarre spielen können. Diese lebhafte Vorstellung einer erfolgreich vollzogenen Handlung wird Sie stark motivieren.

□□□□□□□□□□□□□□□□□□
□□□□

F8

Machen Sie sich ein Bild davon, welchen Nutzen Sie haben werden, wenn die neuen Kenntnisse und Fertigkeiten erworben sind. Sie gehören jetzt zu denen, die es können; Sie sind kein Versager mehr: Sie werden anerkannt und geachtet. Ihr Lebensstandard steigt, Sie können sich mehr Wünsche erfüllen. Sie werden gebraucht, Sie können mehreren Menschen besser helfen.

□□□□□□□□□□□□□□□□□□
□□□□

Das Theorieprogramm

Motivation – Willenseinsatz – Erfolg

«Wer will, ist dem nicht alles möglich?»

(Goethe)

Der Wille setzt Entschlüsse in Handlungen um

Motive sind Beweggründe. Gründe dafür also, warum wir zum Handeln entschlossen sind. Motive machen uns entschlußbereit. Um den Entschluß zum Handeln nun noch in eine Handlung selbst umzusetzen, bedarf es eines Willenseinsatzes. Dieser Willenseinsatz wird durch unsere Motive bedingt.

Der Willenseinsatz ist abhängig von der Intensität der Bedürfnisse

Seine Stärke wird zunächst von der Intensität der Motive bestimmt, also von der Dringlichkeit, mit der ein Ziel, eine Bedürfnisbefriedigung erreicht werden soll. (Ist der Hunger sehr stark, dann ist auch das Bedürfnis, den Hunger zu stillen, groß.) In diesen Fällen bedarf es keiner besonders starken Willenskraft, um den Entschluß, etwas zu tun, in die Tat umzusetzen. Dazu schreibt Clausewik[1]: «Die Energie des Handelns drückt die Stärke der Motive aus, durch welche das Handeln hervorgerufen wird.» Bei sehr starker Motivation wird der Einsatz eines handlungsauslösenden Willens oft gar nicht bewußt. (Willenlos ließ er sich von seinen Motiven, Trieben, Antrieben, Strebungen leiten.)

Je stärker also das Motiv ist, desto schwächer ist der Willenseinsatz. Eine schwache Motivation, also eine nur schwache Strebung, verursacht durch ein nur schwaches Bedürfnis bedingt einen starken Willen, um zum Handeln zu kommen und um durchzuhalten, bis das Ziel erreicht ist. An diesem fehlt es dann oft; nach kurzer Zeit läßt die Aufmerksamkeit nach, die Gedanken schweifen ab, fliegen auf ein anderes Ziel. So geht es im raschen Wechsel weiter. Was wird dabei erreicht?

Nichts!

Auch Hindernisse fordern den Willen heraus

Die Stärke des Willenseinsatzes hängt aber nicht nur von der Intensität der Bedürfnisse ab, sondern auch von der Größe der Schwierigkeiten, die sich auf dem Weg zum Ziel – der Bedürfnisbefriedigung – entgegenstellen.

Ist die Zielerreichung besonders schwierig, dann bedarf es neben einer starken Motivation auch eines zähen Durchhaltewillens. Zwar liegt gerade in schwierigen Aufgaben ein starker Anreiz, eine starke

Motivation, trotz der erheblichen Hindernisse das Ziel zu erreichen.

Die Gefahr wiederholter Fehlschläge

Wenn es wiederholt nicht gelingt, die Hindernisse zu überwinden oder wenigstens Teilerfolge zu erzielen, erlischt diese Motivationswirkung. Darin liegen große Gefahren, die wir aufzeigen wollen, dazu müssen wir aber etwas weiter ausholen.

Neben dem Erfolg kommt, wie wir bereits erkannten, auch dem Mißerfolg eine gewisse Bedeutung als Antriebskraft zu. Aus Fehlern wird man klug, oder man sagt auch: «Daraus habe ich wichtige Lehren gezogen.» Wir kennen sogar ein Lernverfahren, das den Mißerfolg geradezu einplant, und zwar lernen durch Trial and Error. Der Lernerfolg soll auf dem Wege über Versuche und Irrtümer (Mißerfolge) erzielt werden. Wenn am Schluß der Lernerfolg steht, ist es gut. Dann hat der Mißerfolg (error) gute Früchte getragen.

Wie aber ist die Wirkung auf den Lernenden, wenn sich auf die Dauer kein Erfolg einstellt. Um dies deutlich zu machen, stellen wir nochmals die positiven Wirkungen des Erfolges heraus.

Lernen am Erfolg

«Lernen am Erfolg» lautet ein oft gebrauchtes Wort. Richtige Lösungen, gute Zensuren und Beurteilungen sowie fundiertes Lob erzeugen Erfolgsgefühle.

Erfolge motivieren

Diese wiederum schaffen Kraft und Antrieb und geben den Mut, mit schwierigen Problemen zu beginnen. Der Erfolgreiche steigert so selbst sein Anspruchsniveau. Gehobene Stimmung ist die Folge, und diese ist wiederum Treib- und Schmierstoff zugleich für eine erfolgreiche Fahrt nach oben. Sie haben es ja schon selbst verspürt, wie die Müdigkeit verfliegt, wie die Antriebslosigkeit schwindet, wie der Unternehmungsgeist wächst, wenn Sie Erfolge haben. Wie sich Selbstsicherheit und ruhige Gelassenheit einstellen, wie die Angst weicht. Sie beginnen, sich am Erfolg zu orientieren. Ihr Unterbewußtsein signalisiert die kraftspendende Meldung: es ging bisher gut, es wird weiter gutgehen. So knüpfen Sie an Erfolgssituationen an, wenn Sie Neues beginnen und schaffen so eine gute Basis für weiteres Gelingen. Das Wort stimmt: Der Mensch wächst mit seinen erfolgreich gelösten Aufgaben!

Wecken Sie auch in anderen Erfolgsgefühle. Vieles geht dann besser. Sie werden erleben, wie sich die Mienen erhellen, die Mitarbeit wächst, wie die Atmosphäre positiv geladen wird. Sie verspüren den Rücklauf der positiven Gefühle, Sie fühlen, wie sie getragen werden, wie Sie Bereitschaft finden. Do ut des! Gib, und du wirst empfangen.

Die psychologische Wirkung von Mißerfolgen

Wie ist es aber bei Mißerfolgen? Wir haben schon auf die «Dennoch-Haltung» bei Rückschlägen hingewiesen. Kein Zweifel, auch aus Niederlagen kann man lernen – aus Schaden wird man klug – mindestens kann die Erkenntnis daraus gezogen werden, daß es so eben nicht ging und daß man es anders probieren sollte.

Alles ist in Ordnung, wenn schließlich das Ziel erreicht wird. Wird es jedoch nicht erreicht, wird kein Erfolgsgefühl verspürt, dann drohen Gefahren, vor allem bei wiederholten Mißerfolgen. Diese Gefahren wollen wir aufzeigen.

Viele von uns haben Angst, eine freie Rede vor einer Gruppe zu halten. Die Wurzel dieser Angst liegt meist in einem früheren Ereignis, das wir in der Regel schon längst vergessen haben. Es könnte so gewesen sein: Ein nervöser oder gedankenloser Lehrer hat uns den Mut dazu genommen, als er unser freudig unternommenes, aber wenig erfolgreiches Bemühen, einen kleinen Bericht über unsere letzten Ferien zu geben, allzu schroff mit einer Äußerung unterbrach, die nur Negatives enthielt. Unter dem Gelächter unserer Mitschüler mußten wir abtreten. Das hat sich – vor allem, wenn das Ereignis nicht einmalig war – tief in unserem Unterbewußtsein eingegraben. Dort wird es sofort aktiv, wenn eine Situation eintritt, die der Ursprungssituation ähnlich ist, also wenn es gilt, die erwähnte freie Rede zu halten. Sofort läuft das negative Programm im Unterbewußtsein ab und signalisiert: Sei vorsichtig, es wird schiefgehen, es ist schon einmal schiefgegangen.

Ichbildverbiegung

So wirken unverarbeitete Mißerfolge negativ weiter. Sie führen zu Ichbildverbiegungen, zu geringem Selbstvertrauen und schaffen so die Basis für weiteres Mißlingen.

Zu starke Herabsetzung des Anspruchsniveaus

Eine weitere Gefahr liegt darin, daß der Mensch das Niveau des Leistungsanspruchs an sich selbst aus Angst vor Fehlschlägen herabsetzt. Er setzt sich niedrigere Ziele, um wenigstens diese zu erreichen. (Schüler sagen dann: «Ich bin schon mit einem Ausreichend zufrieden.») Dagegen kann man nichts einwenden, wenn es sich bei dieser Niveaurücknahme um das Einpendeln auf den individuellen Leistungsstandard des Betreffenden handelt. Dies ist jedoch meistens nicht so, denn einmal neigen viele Menschen dazu, bei Fehlschlägen ihr Leistungsniveau weit niedriger anzusetzen, als es ihrem Leistungsvermögen entspricht (sie werfen die Flinte gleich ins Korn),

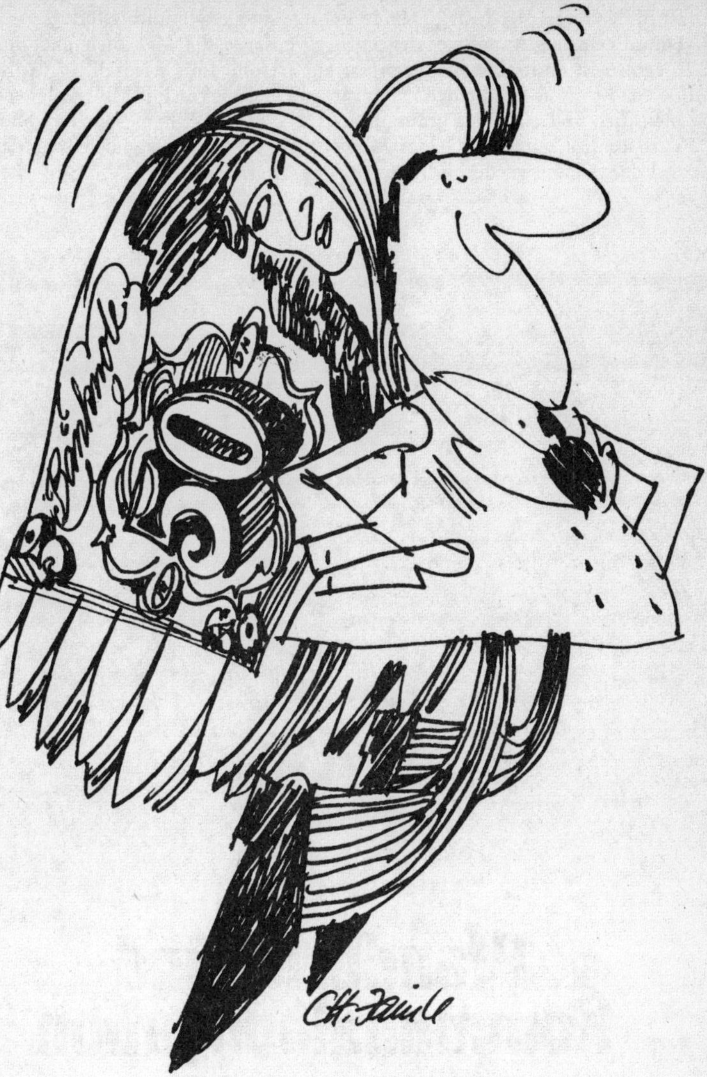

Der eigene Erfolg . . .

... ist in der Regel Verdienst, fremde Erfolge sind gewöhnlich Glück.

«Die allgemeine Annahme, der Erfolg verderbe die Menschen und mache sie eitel, egoistisch und selbstzufrieden, ist ein Irrtum. Im Gegenteil, in den meisten Fällen macht er sie bescheiden, tolerant und liebenswürdig. Mißerfolg verbittert die Menschen und macht sie grausam.» – Das schrieb William Somerset Maugham.

Es ist ähnlich mit dem Gelde: Weniger der Besitz als vielmehr der dauernde Mangel daran kann verderblich sein für den Charakter.

und zum anderen überträgt sich die Niveaurücknahme auf dem einen Gebiet auch auf andere, wo dies gar nicht notwendig wäre und führt so zu einem allgemeinen Zerfall des Selbstvertrauens. So wirken sich Mißerfolge in der Mathematik auch negativ auf andere Fächer, Mißerfolge im Beruf auch auf das Privatleben aus.

Schädigung des Menschen in seiner Gesamtheit

Und schließlich liegt eine große Gefahr darin, daß wiederholte Mißerfolge eine höchst nachteilige Wirkung auf den Menschen in seiner Gesamtheit haben. So beeinflußt z. B. ein körperliches Versagen negativ auch die geistige und seelische Komponente des Menschen, wie sich auch geistige oder seelische Minuslagen schädlich auf die jeweils übrigen Bereiche auswirken.

Das Langzeitprogramm

G1

Setzen Sie sich – zunächst kleinere – Ziele, und lassen Sie sich durch nichts davon abbringen, sie zu erreichen. Einige Beispiele dazu:
Heute noch diesen unangenehmen Brief schreiben.
Das klärende Gespräch mit dem Nachbarn noch in dieser Woche führen.
In diesem Urlaub eine lange Wanderung (Bergtour) unternehmen.
In der heutigen Diskussion einen Beitrag leisten.

□□□□□□□□□□□□□□□□□□□
□□□□

G2

Bauen Sie neue nützliche Gewohnheiten auf:
Eine halbe Stunde früher aufstehen, um Morgensport zu betreiben.
Zu Fuß ins Geschäft gehen.
Joga erlernen.
Täglich den Schreibtisch in Ordnung bringen.
Ein Tagebuch führen.

□□□□□□□□□□□□□□□□□□□
□□□□

G3

Erklären Sie sich bereit, Sonderaufgaben zu übernehmen:
Eine Gelegenheitsrede halten.
Sich zum Sprecher einer Gruppe machen.
An die Tafel gehen und dort etwas erklären.
Sich bereit erklären, einen schwierigen Kunden zu besuchen.

□□□□□□□□□□□□□□□□□□□
□□□□

G4

Üben Sie sich in Selbstbeherrschung:
Vermeiden Sie Spontanreaktionen.
Legen Sie eine Besinnungspause zwischen Reiz und Reaktion ein.
Erst denken, dann handeln.
Meistern Sie negative Stimmungen.
Lassen Sie Gesprächspartner aussprechen.
Fallen Sie ihnen nicht ins Wort.
Erledigen Sie Dinge in einer festgesetzten Reihenfolge (z. B. nach der Dringlichkeit: must – want – nice oder nach der momentanen Leistungsfähigkeit: Schwierige Probleme nicht während des Mittagstiefs – 13.00 bis 15.00 Uhr – erledigen.

□

G5

Stärken Sie Ihren Hemmungswillen:
Wer Ziele erreichen möchte, braucht den Willen, um sich Ziele zu setzen, um sich zu entschließen, um den Entschluß in die Tat umzusetzen, um in der Zielerreichung aktiv zu bleiben, um Schwierigkeiten zu überwinden. Das ist der Tatkraftwille. Er braucht aber auch Hemmungswillen, um andere Projekte – vorläufig – zurückzustellen. Man kann nicht alles auf einmal erreichen. Wer das versucht, zersplittert seine Kräfte und erreicht kein Ziel. Wer gute sportliche Leistungen erzielen möchte, muß zum Beispiel auf Nikotin verzichten. Wer abnehmen möchte, muß weniger essen. Sagen sie öfter: Danke, es reicht. Vermeiden Sie negative Gespräche. Meiden Sie Menschen mit negativem Denken (Pessimisten, Angsthasen).
Vermeiden Sie negative Sprach- und Denkformeln («Später vielleicht, jetzt nicht!»). Vermeiden Sie inhaltslose Fernseh- und Radioberieselungen.

□

Das Tagesleistungsprogramm

Die Lösung der einzelnen Aufgaben erscheint jeweils neben der Aufgabenstellung. Ist die erste Lösung freigestellt, zählen Sie diese bitte nicht mit, es handelt sich hierbei um das markierte Lösungsbeispiel. Der Spalte daneben entnehmen Sie die Punkte für richtig gelöste Aufgaben sowie die Punkte für die Zeit (Sekunden).

I

Aufgaben dieses Typs finden Sie an jedem Tag des Tagesleistungsprogrammes. Mit den gegebenen Wörtern sind durch Eintragen einer zweiten Worthälfte zusammengesetzte Hauptwörter zu bilden.

Es ist entscheidend, so lange konzentriert bei der Sache zu bleiben, bis die verlangte Wortzahl erreicht oder keine weiteren Wörter mehr gefunden werden. Obwohl keine Zeit vorgegeben ist, sollten Sie diese Aufgaben mit starker Tempomotivation lösen.

Anzahl/Punkte

10 = 10
9 = 9
8 = 8
7 = 7
6 = 6
5 = 5
4 = 4
3 = 3
2 = 2
1 = 1

1 Vater- ....

2 Vater- ....

3 Vater- ....

4 Vater- ....

5 Vater- ....

6 Vater- ....

7 Vater- ....

8 Vater- ....

9 Vater- ....

10 Vater- ....

2

Unter den fünf Begriffen der folgenden zwanzig Zeilen befinden sich jeweils zwei, die etwas Gegensätzliches ausdrücken. Markieren Sie diese zwei Begriffe. Nur wenn beide Buchstaben richtig sind, wird die betreffende Zeile für die Auswertung berücksichtigt.

Lösung		Richtig/ Punkte	Zeit/ Punkte
1 BE	11 BE	20 = 10	240 = 10
2 AD	12 CD	19 = 9	260 = 9
3 CE	13 AC	17 = 8	280 = 8
4 BE	14 DE	15 = 7	300 = 7
5 AE	15 BE	13 = 6	320 = 6
6 AE	16 AD	11 = 5	340 = 5
7 BD	17 BD	9 = 4	360 = 4
8 CE	18 AB	7 = 3	380 = 3
9 AD	19 CE	5 = 2	400 = 2
10 AC	20 AC	3 = 1	420 = 1
		1 = 0	

	A)	B)	C)	D)	E)
1	stark	groß	mächtig	zierlich	klein
2	jung	modern	jugendlich	alt	frisch
3	einfach	grob	leicht	zweifach	schwer
4	kühl	warm	erkältet	verbrannt	kalt
5	sauer	ärgerlich	bitter	salzig	süß
6	dick	mager	schmal	stark	dünn
7	licht	hell	schattig	dunkel	schwarz
8	ärmlich	reichlich	arm	karg	reich
9	sauber	rein	staubig	schmutzig	gewaschen
10	billig	sparsam	teuer	preiswert	aufwendig
11	flüstern	leise	heftig	brüllen	laut
12	gefällig	lieblich	häßlich	schön	abstoßend
13	stark	gewaltig	schwach	ängstlich	klein
14	irren	bejahen	ändern	falsch	richtig
15	wäßrig	hart	fest	elastisch	weich
16	lachen	freuen	lächeln	weinen	schmerzen
17	anfangs	spät	enden	früh	abends
18	vorhin	jetzt	vergangen	morgen	sofort
19	ängstlich	waghalsig	feige	hart	tapfer
20	traurig	lachen	lustig	lächerlich	ernstlich

3

Anzahl/Punkte

10 =	10
9 =	9
8 =	8
7 =	7
6 =	6
5 =	5
4 =	4
3 =	3
2 =	2
1 =	1

1 Fisch-……………………………

2 Fisch-……………………………

3 Fisch-……………………………

4 Fisch-……………………………

5 Fisch-……………………………

6 Fisch-……………………………

7 Fisch-……………………………

8 Fisch-……………………………

9 Fisch-……………………………

10 Fisch-……………………………

4

Jeder Ziffer von 1 bis 6 entspricht ein bestimmtes Zeichen. In den Zeilen A bis E sollen Sie kontrollieren, ob dort den Ziffern die richtigen Zeichen zugeordnet sind. Markieren Sie bitte die erkannten Fehler. Beim ersten Fehler ist dies bereits geschehen. Für jedes irrtümlich markierte Feld müssen Sie einen Punkt abziehen.

1	2	3	4	5	6
○	△	□	X	◇	⊙

Lösung		Richtig/ Punkte	Zeit/ Punkte
A 8	D 5	14 = 10	120 = 10
	D 15	13 = 9	130 = 9
A 10	E 2	12 = 8	150 = 8
A 15	E 6	11 = 7	170 = 7
B 1	E 10	10 = 6	190 = 6
B 3		9 = 5	210 = 5
B 5		8 = 4	230 = 4
B 12		7 = 3	250 = 3
C 1		6 = 2	270 = 2
C 5		5 = 1	290 = 1
C 13		4 = 0	

	1	2	3	4	5	6	7	8	9	10	11	12	13	14	15
A	2	6	5	1	3	4	2	3	6	1	4	6	3	6	2
	△	⊙	◇	○	□	X	△	◇ ↗	⊙	□	X	⊙	□	⊙	○
B	3	2	6	4	1	5	2	5	3	4	2	1	4	6	3
	◇	△	○	X	⊙	◇	△	◇	□	X	△	⊙	X	⊙	□
C	5	4	6	1	2	5	2	3	1	6	2	5	4	3	6
	□	X	⊙	○	X	◇	△	□	○	⊙	△	◇	⊙	□	⊙
D	2	1	5	3	6	1	4	5	2	3	5	2	1	6	5
	△	○	◇	□	○	○	X	◇	△	□	◇	△	○	⊙	△
E	3	4	6	1	2	4	6	5	2	1	4	3	2	6	3
	□	◇	⊙	○	△	◇	⊙	◇	△	□	X	□	△	⊙	□

5

Anzahl/Punkte

10 = 10
9 = 9
8 = 8
7 = 7
6 = 6
5 = 5
4 = 4
3 = 3
2 = 2
1 = 1

1 Vogel- ....

2 Vogel- ....

3 Vogel- ....

4 Vogel- ....

5 Vogel- ....

6 Vogel- ....

7 Vogel- ....

8 Vogel- ....

9 Vogel- ....

10 Vogel- ....

6

In dieser Aufgabe sind sechzig Begriffe gegeben. Je drei davon sind synonym, d. h. sie sagen etwa das gleiche aus. Sie sollen diese herausfinden und die betreffenden Kombinationen notieren.

Lösung		Richtig/Punkte	
1 - 15 - 27	11 - 33 - 60	20 = 20	10 = 10
2 - 30 - 47	12 - 36 - 45	19 = 19	9 = 9
3 - 44 - 57	13 - 22 - 51	18 = 18	8 = 8
4 - 28 - 55	14 - 34 - 46	17 = 17	7 = 7
5 - 39 - 56	16 - 23 - 50	16 = 16	6 = 6
6 - 35 - 54	19 - 43 - 59	15 = 15	5 = 5
7 - 18 - 40	20 - 37 - 48	14 = 14	4 = 4
8 - 17 - 52	21 - 42 - 49	13 = 13	3 = 3
9 - 25 - 53	24 - 32 - 41	12 = 12	2 = 2
10 - 38 - 58	26 - 29 - 31	11 = 11	1 = 1

1	Friede	2	Spaß	3	Mut	4	Zeug
5	Mitgefühl	6	Ursache	7	Unglück	8	Aussicht
9	Steige	10	Wut	11	Pforte	12	Angst
13	Schädel	14	Bub	15	Stille	16	Geduld
17	Sicht	18	Pech	19	Kummer	20	Mahl
21	Zustimmung	22	Kopf	23	Ausdauer	24	Sehnsucht
25	Treppe	26	Feind	27	Ruhe	28	Kleidung
29	Widersacher	30	Vergnügen	31	Gegner	32	Verlangen
33	Tür	34	Knabe	35	Grund	36	Grauen
37	Essen	38	Grimm	39	Mitleid	40	Katastrophe
41	Begehren	42	Einverständnis	43	Gram	44	Tapferkeit
45	Furcht	46	Junge	47	Freude	48	Imbiß
49	Billigung	50	Beharrlichkeit	51	Haupt	52	Blick
53	Stiege	54	Anlaß	55	Sachen	56	Erbarmen
57	Wagemut	58	Zorn	59	Sorge	60	Tor

7

Anzahl/Punkte

10 = 10
9 = 9
8 = 8
7 = 7
6 = 6
5 = 5
4 = 4
3 = 3
2 = 2
1 = 1

1 Fluß- ....

2 Fluß- ....

3 Fluß- ....

4 Fluß- ....

5 Fluß- ....

6 Fluß- ....

7 Fluß- ....

8 Fluß- ....

9 Fluß- ....

10 Fluß- ....

8

Sie finden hier den gleichen Würfel in vier verschiedenen Stellungen. Die Darstellungen A bis J zeigen ebenfalls diesen Würfel. Die Rückseite ist hochgeklappt. Wie sieht sie aus? Wählen Sie aus den neun aufgezeigten Möglichkeiten die richtige aus, und schreiben sie die betreffende Ziffer neben den Buchstaben.

Lösung	Richtig/Punkte	Zeit/Punkte
A 6	10 = 10	200 = 10
B 4	9 = 9	220 = 9
C 7	8 = 8	240 = 8
D 3	7 = 7	260 = 7
E 6	6 = 6	280 = 6
F 6	5 = 5	310 = 5
G 7	4 = 4	330 = 4
H 4	3 = 3	350 = 3
I 3	2 = 2	370 = 2
J 1	1 = 1	400 = 1

1 2 3 4 5 6 7 8 9

A....... B....... C....... D....... E.......

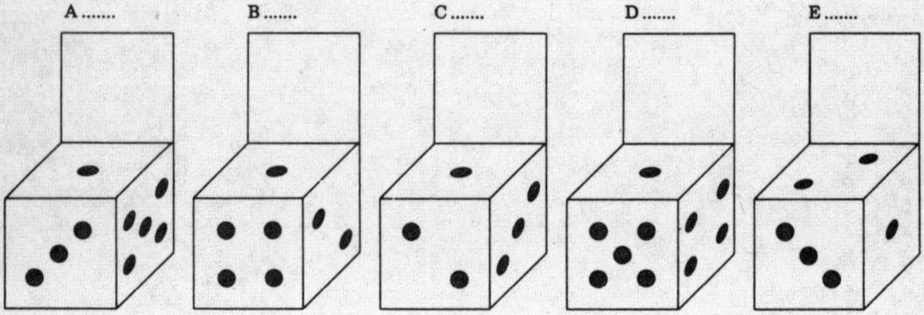

F....... G....... H....... I....... J.......

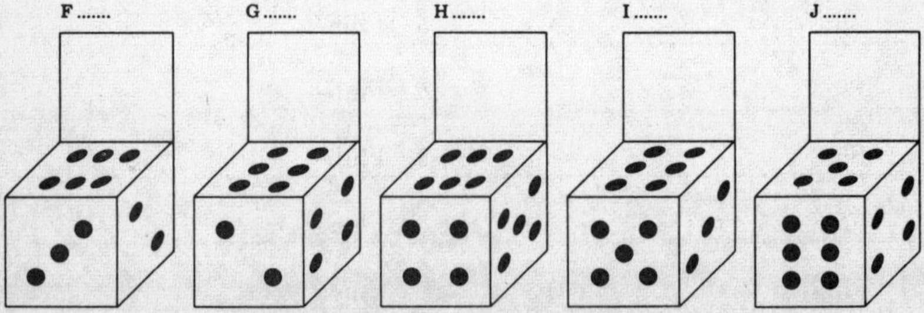

9

Anzahl/Punkte

10 = 10
9 = 9
8 = 8
7 = 7
6 = 6
5 = 5
4 = 4
3 = 3
2 = 2
1 = 1

1 Bahn-..............................

2 Bahn-..............................

3 Bahn-..............................

4 Bahn-..............................

5 Bahn-..............................

6 Bahn-..............................

7 Bahn-..............................

8 Bahn-..............................

9 Bahn-..............................

10 Bahn-..............................

10

Wo steckt der Außenseiter? Drei der vier Aussagen in den folgenden zehn Übungen drücken in etwa das gleiche aus. Eine fällt also aus dem Rahmen. Welche ist es wohl? Bitte markieren Sie die betreffenden Buchstaben.

Lösung	Richtig/Punkte	Zeit/Punkte
1 B	10 = 10	120 = 10
2 C	9 = 9	140 = 9
3 A	8 = 8	160 = 8
4 B	7 = 7	180 = 7
5 D	6 = 6	200 = 6
6 A	5 = 5	220 = 5
7 B	4 = 4	240 = 4
8 A	3 = 3	260 = 3
9 B	2 = 2	280 = 2
10 C	1 = 1	300 = 1

1 A) sich die Hände reiben
B) sich gütlich tun
C) sich freuen über
D) sich ins Fäustchen lachen

2 A) außer sich sein
B) aus dem Häuschen sein
C) die Nase rümpfen
D) den Kopf verlieren

3 A) die Haut zum Markte tragen
B) aus der Haut fahren
C) die Beherrschung verlieren
D) in die Luft gehen

4 A) von sich aus
B) die Karten auf den Tisch legen
C) aus freien Stücken
D) aus eigenem Antrieb

5 A) an die große Glocke hängen
B) in Umlauf setzen
C) unter die Leute bringen
D) einen Bären aufbinden

6 A) sich den Mund verbrennen
B) den Mund nicht halten
C) aus der Schule plaudern
D) nicht für sich behalten

7 A) sich zur Wehr setzen
B) außer Rand und Band sein
C) Widerstand leisten
D) sich seiner Haut wehren

8 A) die Finger im Spiele haben
B) an die Macht kommen
C) ans Ruder kommen
D) zur Herrschaft gelangen

9 A) die Segel streichen
B) sich aus dem Staube machen
C) die Flinte ins Korn werfen
D) die Waffen strecken

10 A) aufs Dach steigen
B) eine Strafpredigt halten
C) etwas auf die Spitze treiben
D) den Marsch blasen

II

Anzahl/Punkte

10 = 10
9 = 9
8 = 8
7 = 7
6 = 6
5 = 5
4 = 4
3 = 3
2 = 2
1 = 1

1 Glas- ....

2 Glas- ....

3 Glas- ....

4 Glas- ....

5 Glas- ....

6 Glas- ....

7 Glas- ....

8 Glas- ....

9 Glas- ....

10 Glas- ....

12

Jeder Ziffer von 1 bis 8 entspricht ein bestimmtes Zeichen. In den Zeilen A bis E sollen Sie kontrollieren, ob dort den Ziffern die richtigen Zeichen zugeordnet sind. Markieren Sie bitte die erkannten Fehler. Beim ersten Fehler ist dies bereits geschehen. Für jedes irrtümlich markierte Feld müssen Sie einen Punkt abziehen.

Lösung		Richtig/ Punkte	Zeit/ Punkte
A 3	D 5	20 = 10	140 = 10
	D 9	19 = 9	150 = 9
A 9	D 11	18 = 8	170 = 8
A 11	D 12	16 = 7	190 = 7
A 14	E 2	14 = 6	210 = 6
B 5	E 8	12 = 5	230 = 5
B 9	E 11	10 = 4	250 = 4
B 10	E 14	9 = 3	270 = 3
B 12		8 = 2	290 = 2
B 15		7 = 1	300 = 1
C 2		6 = 0	
C 3			
C 8			
C 13			

1	2	3	4	5	6	7	8
□	○	⧅	⊖	⦶	⧄	⊕	⊞

	1	2	3	4	5	6	7	8	9	10	11	12	13	14	15
A	3	1	6	4	2	7	3	8	5	1	3	6	8	1	7
	⧅	□	⦶	⊖	○	⊕	⧅	⊞	⊖	□	⧄	⧄	⊞	⊖	⊕
B	6	4	3	1	8	4	2	5	3	7	1	4	3	5	8
	⧄	⊖	⧅	□	⊕	⊖	○	⦶	□	○	□	⦶	⧅	⦶	⧅
C	3	1	8	4	7	3	8	6	1	2	7	5	4	3	8
	⧅	⧄	○	⊖	⊕	⧅	⊞	⧅	□	○	⊕	⦶	⊕	⧅	⊞
D	7	5	3	8	2	4	3	2	5	1	7	4	8	3	7
	⊕	⦶	⧅	⊞	⦶	⊖	⧅	○	⊖	□	⊖	⊕	⊞	⧅	⊕
E	3	4	3	2	8	3	7	8	1	4	7	3	8	2	7
	⧅	□	⧅	○	⊞	⧅	⊕	□	□	⊖	⦶	⧅	⊞	□	⊕

13

Anzahl/Punkte
10 = 10
9 = 9
8 = 8
7 = 7
6 = 6
5 = 5
4 = 4
3 = 3
2 = 2
1 = 1

1 Nacht-
....

2 Nacht-
....

3 Nacht-
....

4 Nacht-
....

5 Nacht-
....

6 Nacht-
....

7 Nacht-
....

8 Nacht-
....

9 Nacht-
....

10 Nacht-
....

14

Unter den vier Begriffen einer jeden Zeile befindet sich ein Außenseiter. Ihn gilt es herauszufinden und den betreffenden Buchstaben zu markieren.

Lösung		Richtig/ Punkte	Zeit/ Punkte
1 B	11 C	20 = 10	120 = 10
2 D	12 D	18 = 9	130 = 9
3 A	13 B	16 = 8	140 = 8
4 A	14 C	14 = 7	150 = 7
5 D	15 A	12 = 6	160 = 6
6 A	16 C	10 = 5	170 = 5
7 A	17 C	8 = 4	190 = 4
8 A	18 B	6 = 3	210 = 3
9 B	19 C	4 = 2	230 = 2
10 C	20 D	2 = 1	260 = 1
		0 = 0	

	A)	B)	C)	D)
1	Steuer	Einkommen	Abgabe	Gebühr
2	beginnen	anfangen	starten	loslassen
3	Ahne	Geburt	Herkunft	Abstammung
4	sorgen	aufpassen	achtgeben	achten auf
5	preiswert	günstig	billig	kostenlos
6	fleißig	folgsam	brav	gehorsam
7	intelligent	eingebildet	eitel	hochnäsig
8	Mutter	Gattin	Gemahlin	Frau
9	essen	kauen	tafeln	speisen
10	Imbiß	Mahlzeit	Nahrung	Essen
11	Flagge	Fahne	Mast	Banner
12	Wald	Feld	Acker	Wiese
13	rinnen	tropfen	fließen	strömen
14	Frühjahr	Lenz	Jahreszeit	Frühling
15	schnaufen	raunen	murmeln	flüstern
16	unartig	frech	laut	ungezogen
17	Vergnügen	Spaß	Lachen	Freude
18	beachten	folgsam	befolgen	beherzigen
19	Anlage	Begabung	Fleiß	Talent
20	bestatten	beisetzen	beerdigen	sterben

15

Anzahl/Punkte

10 = 10
9 = 9
8 = 8
7 = 7
6 = 6
5 = 5
4 = 4
3 = 3
2 = 2
1 = 1

1 Meister- ....

2 Meister- ....

3 Meister- ....

4 Meister- ....

5 Meister- ....

6 Meister- ....

7 Meister- ....

8 Meister- ....

9 Meister- ....

10 Meister- ....

16

In der ersten Reihe finden Sie den gleichen Würfel in vier verschiedenen Stellungen. Die Darstellungen A bis J zeigen ebenfalls diesen Würfel. Die Rückseite ist hochgeklappt. Wie sieht sie aus? Wählen Sie aus den neun aufgezeigten Möglichkeiten die richtige aus, und schreiben Sie die betreffende Ziffer neben den Buchstaben.

Lösung	Richtig/Punkte	Zeit/Punkte
A 9	10 = 10	160 = 10
B 7	9 = 9	180 = 9
C 5	8 = 8	200 = 8
D 1	7 = 7	220 = 7
E 9	6 = 6	240 = 6
F 1	5 = 5	260 = 5
G 2	4 = 4	290 = 4
H 2	3 = 3	310 = 3
I 8	2 = 2	340 = 2
J 7	1 = 1	370 = 1
		400 = 0

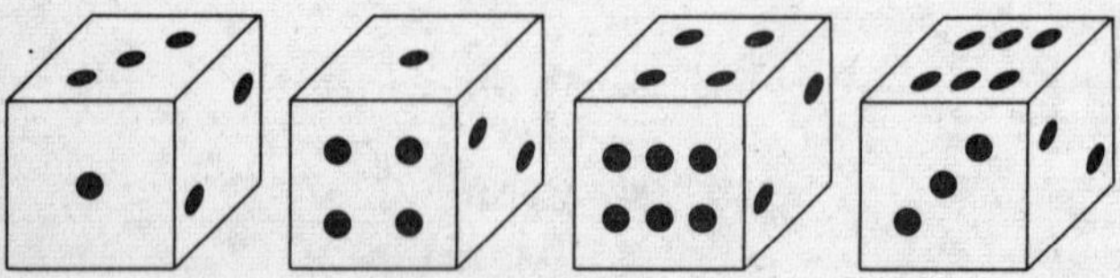

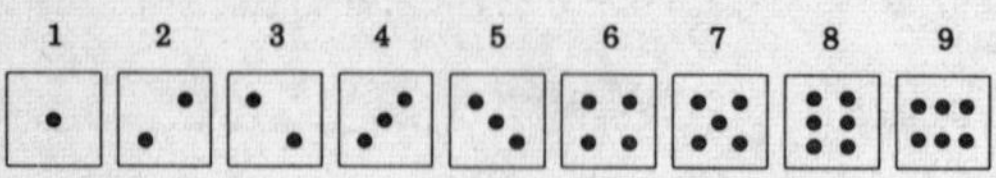

17

Anzahl/Punkte

10 = 10
9 = 9
8 = 8
7 = 7
6 = 6
5 = 5
4 = 4
3 = 3
2 = 2
1 = 1

1 Heimat-

2 Heimat-

3 Heimat-

4 Heimat-

5 Heimat-

6 Heimat-

7 Heimat-

8 Heimat-

9 Heimat-

10 Heimat-

18

Die mit I gekennzeichnete Spalte enthält zwanzig Begriffe. Für jeden dieser zwanzig Begriffe finden Sie je einen ähnlichen in zwei der mit II, III und IV gekennzeichneten Spalten. Notieren Sie die entsprechende Kombination. Für den ersten Begriff ist die Lösung bereits vorgegeben.

Lösung		Richtig/ Punkte	Zeit/ Punkte
1 F3	11 Q8	19 = 10	320 = 10
	12 Ho	18 = 9	330 = 9
2 In	13 Dk	17 = 8	340 = 8
3 e19	14 R18	15 = 7	350 = 7
4 p10	15 C1	13 = 6	370 = 6
5 Ah	16 Bg	11 = 5	390 = 5
6 j5	17 a14	9 = 4	410 = 4
7 r2	18 i9	7 = 3	430 = 3
8 f15	19 Lt	5 = 2	460 = 2
9 S6	20 Ec	2 = 1	490 = 1
10 d11		1 = 0	

I	II	III	IV
1 dürr	A) angreifen	a) arbeiten	1) reichen
2 beleibt	B) beendigen	b) tollpatschig	2) scheuern
3 blaß	C) langen	c) entkleiden	x3) hager
4 dünn	D) vorwärtskommen	d) schnell	4) verschlossen
5 anfassen	E) ausziehen	e) bleich	5) einfach
6 bescheiden	xF) mager	f) sehen	6) ergreifen
7 schrubben	G) arm	g) beschließen	7) überkommen
8 schauen	H) bedürfen	h) berühren	8) ungefüge
9 nehmen	I) dick	i) schlau	9) helle
10 rasch	J) naseweis	j) schlicht	10) schmal
11 grobschlächtig	K) ausgehungert	k) weiterkommen	11) geschwind
12 brauchen	L) plagen	l) knöchern	12) entledigen
13 vorankommen	M) blinzeln	m) achtungsvoll	13) greifbar
14 achten auf	N) farblos	n) mollig	14) schaffen
15 geben	O) blank	o) benötigen	15) blicken
16 abschließen	P) bearbeiten	p) schlank	16) unförmig
17 tätig sein	Q) plump	q) anbieten	17) verbrauchen
18 klug	R) achtgeben	r) fegen	18) aufpassen
19 mühen	S) fassen	s) halten	19) fahl
20 ablegen	T) übereilt	t) schinden	20) bemühen

19

Anzahl/Punkte

10 = 10
9 = 9
8 = 8
7 = 7
6 = 6
5 = 5
4 = 4
3 = 3
2 = 2
1 = 1

1 Fenster-

2 Fenster-

3 Fenster-

4 Fenster-

5 Fenster-

6 Fenster-

7 Fenster-

8 Fenster-

9 Fenster-

10 Fenster-

20

Die Aufgabenstellung zeigt, daß jeder Ziffer von 1 bis 5 ein bestimmtes Zeichen entspricht. In den Zeilen A bis E sollen Sie kontrollieren, ob dort den Ziffern die richtigen Zeichen zugeordnet sind. Markieren Sie bitte die erkannten Fehler. Für jedes irrtümlich markierte Feld müssen Sie einen Punkt abziehen!

Lösung		Richtig/ Punkte	Zeit/ Punkte
A 3	C 4	20 = 10	210 = 10
A 9	C 7	18 = 9	220 = 9
A 12	C 12	16 = 8	230 = 8
A 13	D 3	14 = 7	240 = 7
B 4	D 8	12 = 6	250 = 6
B 5	D 14	10 = 5	270 = 5
B 7	D 15	8 = 4	290 = 4
B 11	E 1	6 = 3	310 = 3
B 15	E 5	4 = 2	340 = 2
C 3	E 13	2 = 1	370 = 1
		0 = 0	

1	2	3	4	5
N	Z	И	Ƨ	И (grau)

	1	2	3	4	5	6	7	8	9	10	11	12	13	14	15
	1	5	2	3	1	4	5	1	4	2	3	1	4	3	5
A	N	И (grau)	Z (grau)	И	N	Ƨ	И (grau)	N	Ƨ	Z	И	И (grau)	Z	И	И (grau)
	2	1	4	3	5	1	3	4	5	4	2	1	4	3	1
B	Z	N	Ƨ	N	N (grau)	N	И (grau)	Ƨ	И (grau)	Ƨ	Ƨ	N	Ƨ	И	И (grau)
	1	4	5	2	1	5	4	2	1	3	4	3	2	1	5
C	N	Ƨ	Z (grau)	Ƨ	N	И (grau)	Z	Z	N	И	Ƨ	N	Z	N	И (grau)
	2	5	1	4	3	5	1	4	2	3	2	1	5	4	2
D	Z	И (grau)	И	Ƨ	И	И (grau)	N	Z	Z	И	Z	N	И (grau)	Z	Ƨ
	1	4	5	1	3	2	5	1	4	5	2	1	5	2	4
E	N	Ƨ	И (grau)	N	N	Z	И (grau)	N	Ƨ	И (grau)	Z	N	N (grau)	Z	Ƨ

21

Anzahl/Punkte

10 = 10
9 = 9
8 = 8
7 = 7
6 = 6
5 = 5
4 = 4
3 = 3
2 = 2
1 = 1

1 Schuh- ....

2 Schuh- ....

3 Schuh- ....

4 Schuh- ....

5 Schuh- ....

6 Schuh- ....

7 Schuh- ....

8 Schuh- ....

9 Schuh- ....

10 Schuh- ....

22

Unter den fünf Begriffen der folgenden zwanzig Zeilen befinden sich jeweils zwei, die etwas Gegensätzliches ausdrücken. Markieren Sie bitte die Buchstaben der betreffenden Begriffe.

Lösung		Richtig/ Punkte	Zeit/ Punkte
1 AE	11 BC	20 = 10	200 = 10
2 BC	12 AD	18 = 9	210 = 9
3 AD	13 BD	16 = 8	220 = 8
4 AC	14 AE	14 = 7	230 = 7
5 BD	15 AD	12 = 6	240 = 6
6 CE	16 BC	10 = 5	250 = 5
7 AE	17 AC	8 = 4	270 = 4
8 AD	18 BC	6 = 3	290 = 3
9 DE	19 CE	4 = 2	310 = 2
10 AB	20 BD	2 = 1	330 = 1
		0 = 0	

	A)	B)	C)	D)	E)
1	wach	hell	lebendig	träumen	schlafen
2	kräftig	gesund	krank	verletzt	geheilt
3	naß	wäßrig	unfruchtbar	trocken	fest
4	klug	fleißig	dumm	gut	aufgeweckt
5	benachbart	fern	hier	nahe	entlegen
6	verliebt	gehässig	lieben	beschimpfen	hassen
7	brav	ungehorsam	frech	gelehrig	böse
8	schwierig	zweifach	gefährlich	einfach	leicht
9	einschlafen	träumen	bewegen	aufstehen	hinsetzen
10	öffnen	schließen	abschließen	entfalten	einkreisen
11	verziehen	ausziehen	anziehen	anziehend	wiederkommen
12	unterliegen	überlegen	verspielen	siegen	besiegen
13	beschäftigen	untätig	fleißig	geschäftig	rührig
14	fremd	unklug	verkannt	entfremdet	bekannt
15	anfangen	zuhören	beschließen	aufhören	überhören
16	soeben	gerade	krumm	verbogen	gebeugt
17	schwimmen	tauchen	untergehen	sinken	ertrinken
18	verläßlich	treu	treulos	verräterisch	wachsam
19	verschweigen	versprechen	schweigen	bereden	sprechen
20	ausschlafen	aufwachen	aufwecken	einschlafen	verschlafen

23

Anzahl/Punkte

10 =	10
9 =	9
8 =	8
7 =	7
6 =	6
5 =	5
4 =	4
3 =	3
2 =	2
1 =	1

1 Kugel- ....

2 Kugel- ....

3 Kugel- ....

4 Kugel- ....

5 Kugel- ....

6 Kugel- ....

7 Kugel- ....

8 Kugel- ....

9 Kugel- ....

10 Kugel- ....

24

Sie finden vier Ansichten des gleichen Würfels. Die Darstellungen A bis J zeigen den gleichen Würfel in verschiedenen Stellungen. Die Rückseite ist hierbei hochgeklappt. Bitte suchen Sie aus den zwölf angegebenen Lösungsmöglichkeiten jene heraus, die der jeweils hochgeklappten Rückseite entspricht. Schreiben Sie die entsprechenden Zahlen neben den Buchstaben des Würfels.

Lösung	Richtig/ Punkte	Zeit/ Punkte
A 4	10 = 10	240 = 10
B 7	9 = 9	260 = 9
C 5	8 = 8	280 = 8
D 10	7 = 7	300 = 7
E 5	6 = 6	320 = 6
F 12	5 = 5	340 = 5
G 11	4 = 4	370 = 4
H 11	3 = 3	400 = 3
I 7	2 = 2	430 = 2
J 1	1 = 1	460 = 1
		490 = 0

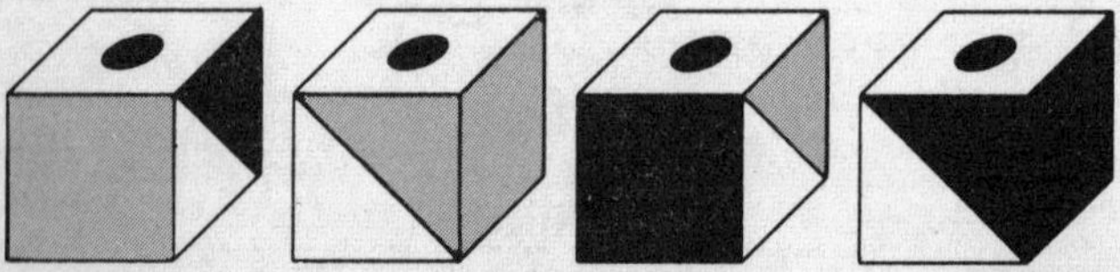

1 2 3 4 5 6 7 8 9 10 11 12

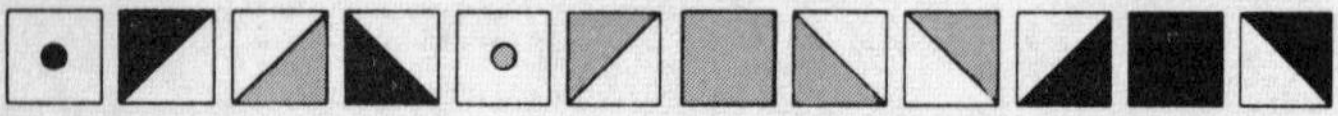

A....... B....... C....... D....... E.......

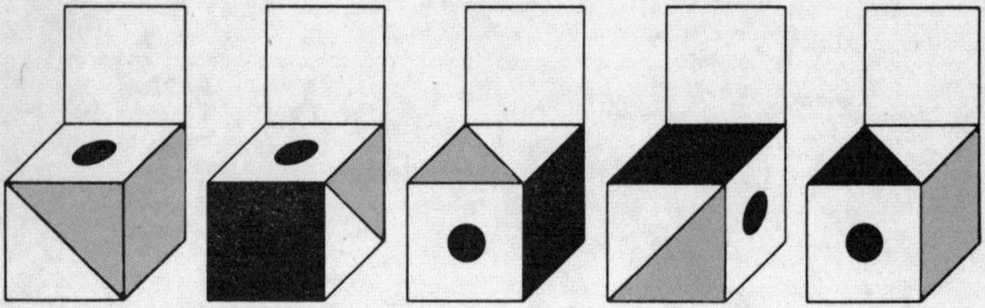

F....... G....... H....... I....... J.......

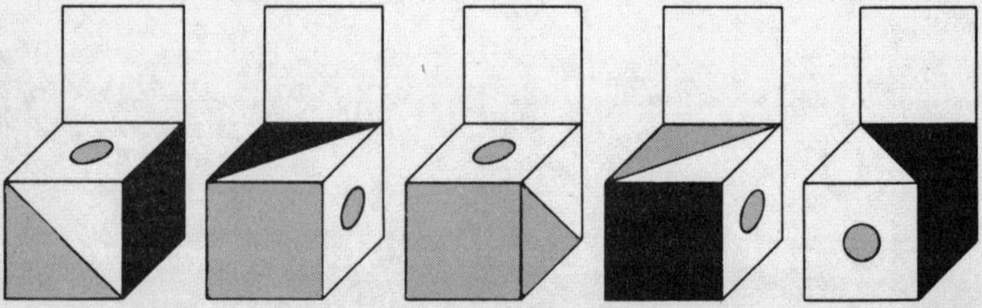

25

Anzahl/Punkte

15 =	10
14 =	9
13 =	8
12 =	7
11 =	6
10 =	5
9 =	4
8 =	3
6 =	2
4 =	1
2 =	0

1 Mutter- ....

2 Mutter- ....

3 Mutter- ....

4 Mutter- ....

5 Mutter- ....

6 Mutter- ....

7 Mutter- ....

8 Mutter- ....

9 Mutter- ....

10 Mutter- ....

11 Mutter- ....

12 Mutter- ....

13 Mutter- ....

14 Mutter- ....

15 Mutter- ....

26

Unter den 64 Begriffen dieser Aufgabe befinden sich jeweils vier, die Gleiches oder Ähnliches aussagen. Finden Sie diese Vierergruppen heraus, und notieren Sie die entsprechenden Kombinationen. Für jeden richtigen Viererblock erhalten Sie zwei Punkte. Für jeden Fehler innerhalb eines Blockes ist ein Punkt abzuziehen.

1 Idee	2 Auffassung	3 Hospital	4 Spaß
5 Abfall	6 Verehrung	7 Ruhelosigkeit	8 Geistesblitz
9 Vorschlag	10 Arznei	11 Feuer	12 Tadel
13 Geist	14 Gedanke	15 Müll	16 Lazarett
17 Anlage	18 Witz	19 Meinung	20 Eigentum
21 Steig	22 Achtung	23 Empfehlung	24 Unrast
25 Krankheit	26 Rüge	27 Übel	28 Ansicht
29 Besitz	30 Vernunft	31 Medizin	32 Weg
33 Begeisterung	34 Pfad	35 Verstand	36 Respekt
37 Steg	38 Klinik	39 Verweis	40 Jux
41 Rat	42 Nervosität	43 Einfall	44 Krankenhaus
45 Unrat	46 Ratschlag	47 Fähigkeit	48 Inbrunst
49 Habe	50 Leiden	51 Ehrfurcht	52 Vermögen
53 Rüffel	54 Begabung	55 Präparat	56 Intellekt
57 Kehricht	58 Scherz	59 Unruhe	60 Gebrechen
61 Mittel	62 Talent	63 Leidenschaft	64 Anschauung

Lösung

1 - 8 - 14 - 43
2 - 19 - 28 - 64
3 - 16 - 38 - 44
4 - 18 - 40 - 58
5 - 15 - 45 - 57
6 - 22 - 36 - 51
7 - 24 - 42 - 59
9 - 23 - 41 - 46
10 - 31 - 55 - 61
11 - 33 - 48 - 63
12 - 26 - 39 - 53
13 - 30 - 35 - 56
17 - 47 - 54 - 62
20 - 29 - 49 - 52
21 - 32 - 34 - 37
25 - 27 - 50 - 60

Richtig/Punkte

32 = 20	20 = 10
31 = 19	18 = 9
30 = 18	16 = 8
29 = 17	14 = 7
28 = 16	12 = 6
27 = 15	10 = 5
26 = 14	8 = 4
25 = 13	6 = 3
24 = 12	4 = 2
22 = 11	2 = 1
	0 = 0

27

Anzahl/Punkte

15 = 10
14 = 9
13 = 8
12 = 7
11 = 6
10 = 5
9 = 4
8 = 3
6 = 2
4 = 1
2 = 0

1 Stern- ....

2 Stern- ....

3 Stern- ....

4 Stern- ....

5 Stern- ....

6 Stern- ....

7 Stern- ....

8 Stern- ....

9 Stern- ....

10 Stern- ....

11 Stern- ....

12 Stern- ....

13 Stern- ....

14 Stern- ....

15 Stern- ....

28 ⏱

Betrachten Sie zunächst die Aufgabenstellung. Sie sehen, daß der Zeichenfolge ein bestimmter Rhythmus zugrunde liegt. Dieser Rhythmus wiederholt sich in der Aufgabe. Prüfen Sie nun, ob er immer konsequent beibehalten wurde. Fehler sollten Sie entsprechend markieren, beim ersten Fehler ist dies bereits geschehen.

Lösung		Richtig/ Punkte	Zeit/ Punkte
A 5	D 5	20 = 10	180 = 10
	D 12	18 = 9	200 = 9
A 9	E 3	16 = 8	220 = 8
B 1	E 9	14 = 7	240 = 7
B 2	E 14	12 = 6	260 = 6
B 6	F 1	10 = 5	280 = 5
B 13	F 5	8 = 4	300 = 4
C 2	F 12	6 = 3	320 = 3
C 10	G 3	4 = 2	340 = 2
C 13	G 7	2 = 1	360 = 1
C 14		0 = 0	380 = 0
D 3			

1 2 3 4 5 6 7 8 9 10 11 12 13 14 15

A B C D E F G

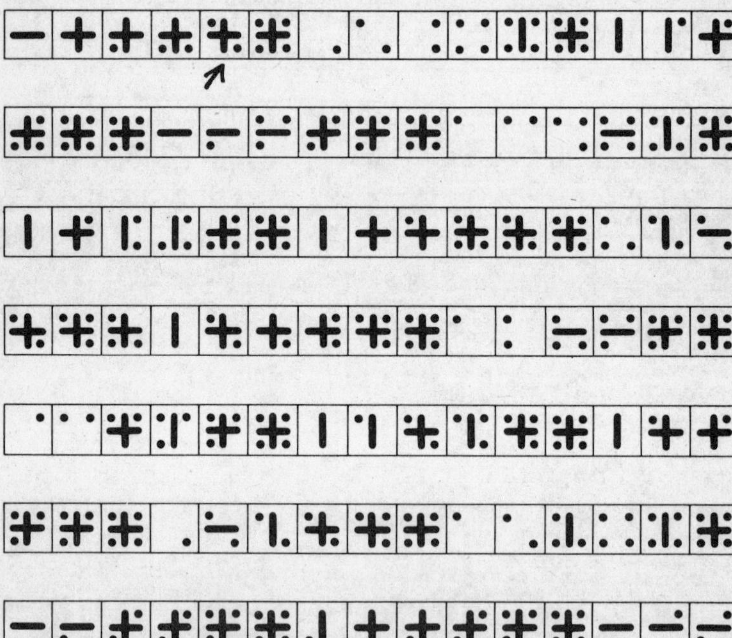

29

Anzahl/Punkte

15 =	10
14 =	9
13 =	8
12 =	7
11 =	6
10 =	5
9 =	4
8 =	3
6 =	2
4 =	1
2 =	0

1 Garten- ....

2 Garten- ....

3 Garten- ....

4 Garten- ....

5 Garten- ....

6 Garten- ....

7 Garten- ....

8 Garten- ....

9 Garten- ....

10 Garten- ....

11 Garten- ....

12 Garten- ....

13 Garten- ....

14 Garten- ....

15 Garten- ....

30

Wo steckt der Außenseiter? Drei der vier Aussagen in den folgenden zehn Übungen drücken in etwa das gleiche aus. Eine fällt also aus dem Rahmen. Welche ist es wohl? Bitte markieren Sie den betreffenden Buchstaben.

Lösung	Richtig/Punkte	Zeit/Punkte
1 A	10 = 10	120 = 10
2 D	9 = 9	135 = 9
3 A	8 = 8	150 = 8
4 D	7 = 7	165 = 7
5 B	6 = 6	180 = 6
6 C	5 = 5	195 = 5
7 D	4 = 4	210 = 4
8 C	3 = 3	225 = 3
9 A	2 = 2	240 = 2
10 C	1 = 1	255 = 1

1 A) durch dick und dünn gehen
B) zur Seite stehen
C) unter die Arme greifen
D) an die Hand gehen

2 A) die Stange halten
B) in Schutz nehmen
C) eine Lanze brechen
D) am Gängelband führen

3 A) in die Schuhe schieben
B) eine Abfuhr erteilen
C) den Rücken kehren
D) die kalte Schulter zeigen

4 A) zum besten halten
B) einen Bären aufbinden
C) in den April schicken
D) an den Unrechten kommen

5 A) in der Tinte sitzen
B) sich aufs Glatteis begeben
C) in der Klemme sein
D) in der Patsche sitzen

6 A) auf den Pelz rücken
B) in den Ohren liegen
C) zum Schweigen bringen
D) keine Ruhe geben

7 A) seinen Ruf aufs Spiel setzen
B) zum Gespött machen
C) eine Blöße geben
D) einen Stein in den Weg legen

8 A) tüchtig Gas geben
B) in Schwung bringen
C) die Zügel im Griff behalten
D) auf Trab bringen

9 A) auf der Hut sein
B) in Betracht ziehen
C) etwas in Erwägung ziehen
D) etwas durch den Kopf gehen lassen

10 A) hoch im Kurs stehen
B) gut angeschrieben sein
C) die erste Geige spielen
D) einen Stein im Brett haben

31

Anzahl/Punkte

15 = 10
14 = 9
13 = 8
12 = 7
11 = 6
10 = 5
9 = 4
8 = 3
6 = 2
4 = 1
2 = 0

1 Milch- ....

2 Milch- ....

3 Milch- ....

4 Milch- ....

5 Milch- ....

6 Milch- ....

7 Milch- ....

8 Milch- ....

9 Milch- ....

10 Milch- ....

11 Milch- ....

12 Milch- ....

13 Milch- ....

14 Milch- ....

15 Milch- ....

32

Sie finden vier Ansichten des gleichen Würfels. Die Darstellungen A bis J zeigen diesen Würfel in verschiedenen Stellungen. Die Rückseite ist hierbei hochgeklappt. Bitte suchen Sie aus den sechs angegebenen Lösungsvorschlägen jenen heraus, der der hochgeklappten Rückseite entspricht.

Lösung	Richtig/Punkte	Zeit/Punkte
A 3	10 = 10	180 = 10
B 5	9 = 9	190 = 9
C 1	8 = 8	200 = 8
D 2	7 = 7	220 = 7
E 1	6 = 6	240 = 6
F 4	5 = 5	260 = 5
G 3	4 = 4	290 = 4
H 2	3 = 3	320 = 3
I 6	2 = 2	350 = 2
J 3	1 = 1	380 = 1

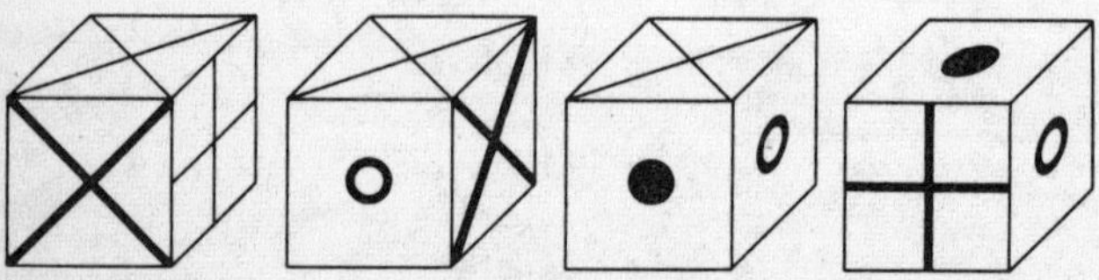

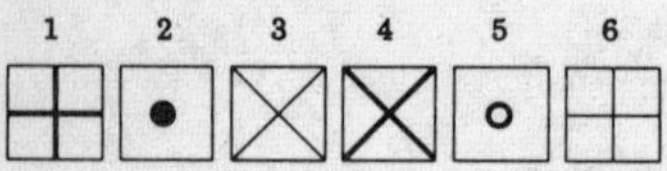

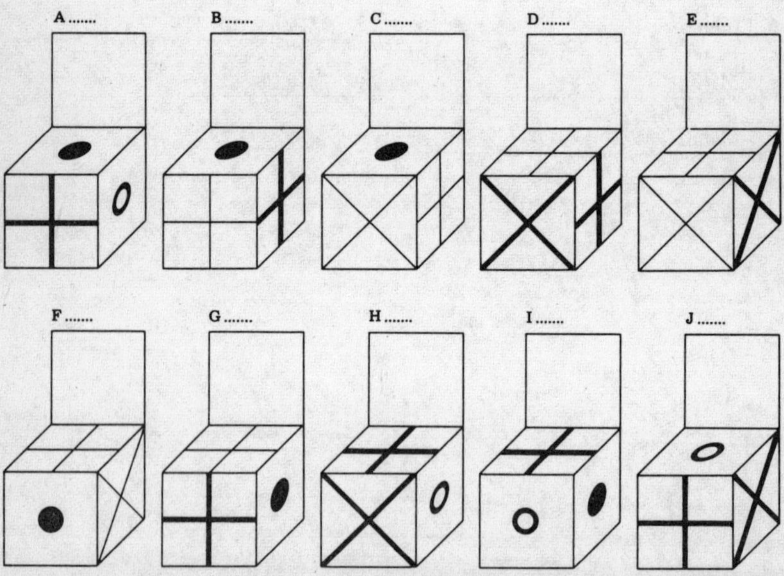

33

Anzahl/Punkte

15 =	10
14 =	9
13 =	8
12 =	7
11 =	6
10 =	5
9 =	4
8 =	3
6 =	2
4 =	1
2 =	0

1 Tier-
....

2 Tier-
....

3 Tier-
....

4 Tier-
....

5 Tier-
....

6 Tier-
....

7 Tier-
....

8 Tier-
....

9 Tier-
....

10 Tier-
....

11 Tier-
....

12 Tier-
....

13 Tier-
....

14 Tier-
....

15 Tier-
....

34

Bitte beachten Sie die Arbeitsanweisung zu Aufgabe 18.

Lösung		Richtig Punkte	Zeit/ Punkte
1 Gm	11 n15	20 = 10	300 = 10
2 K11	12 Nk	19 = 9	310 = 9
3 s12	13 Dl	18 = 8	320 = 8
4 j2	14 F8	17 = 7	330 = 7
5 A7	15 L10	15 = 6	350 = 6
6 Q1	16 I9	13 = 5	370 = 5
7 h18	17 Tb	11 = 4	390 = 4
8 E14	18 Ci	9 = 3	410 = 3
9 g3	19 t19	7 = 2	430 = 2
10 S16	20 d17	5 = 1	460 = 1
		2 = 0	

I	II	III	IV
1 bejahen	A) fehlerfrei	a) haltbar	1) sorgsam
2 meistern	B) verfälscht	b) populär	2) antreiben
3 einschreiten	C) hören	c) ängstlich	3) nimmermüde
4 anspornen	D) zaudern	d) alt	4) verstehen
5 makellos	E) innewerden	e) vernehmen	5) wahr
6 vorsichtig	F) empfinden	f) erreichen	6) warten
7 scheinheilig	G) billigen	g) rastlos	7) einwandfrei
8 bemerken	H) gefährlich	h) falsch	8) fühlen
9 unermüdlich	I) verschieben	i) vernehmen	9) aufschieben
10 brauchbar	J) greisenhaft	j) aufstacheln	10) angesehen
11 verdächtig	K) bewältigen	k) überzeugend	11) bestehen
12 glaubhaft	L) geschätzt	l) zögern	12) eingreifen
13 schwanken	M) übertreiben	m) gutheißen	13) bekannt
14 spüren	N) einleuchtend	n) fragwürdig	14) gewahren
15 geachtet	O) bekämpfen	o) erwarten	15) zweifelhaft
16 vertagen	P) endlos	p) neu	16) geeignet
17 beliebt	Q) behutsam	q) berühmt	17) betagt
18 verstehen	R) gut	r) wegschieben	18) heuchlerisch
19 tadellos	S) tauglich	s) dazwischentreten	19) korrekt
20 bejahrt	T) volkstümlich	t) einwandfrei	20) lauschen

35

Anzahl/Punkte

15 = 10
14 = 9
13 = 8
12 = 7
11 = 6
10 = 5
9 = 4
8 = 3
6 = 2
4 = 1
2 = 0

1 Geld- ....

2 Geld- ....

3 Geld- ....

4 Geld- ....

5 Geld- ....

6 Geld- ....

7 Geld- ....

8 Geld- ....

9 Geld- ....

10 Geld- ....

11 Geld- ....

12 Geld- ....

13 Geld- ....

14 Geld- ....

15 Geld- ....

36

Bitte beachten Sie die Arbeitsanweisung zu Aufgabe 28.

Lösung		Richtig/ Punkte	Zeit/ Punkte
A 15	E 1	20 = 10	120 = 10
	E 3	18 = 9	130 = 9
B 2	E 8	16 = 8	140 = 8
B 6	E 14	14 = 7	150 = 7
B 12	F 6	12 = 6	160 = 6
C 2	F 9	10 = 5	180 = 5
C 7	F 11	8 = 4	200 = 4
C 11	G 4	6 = 3	220 = 3
C 15	G 8	4 = 2	240 = 2
D 5	G 14	2 = 1	260 = 1
D 11	G 15	0 = 0	

37

Anzahl/Punkte

15 =	10
14 =	9
13 =	8
12 =	7
11 =	6
10 =	5
9 =	4
8 =	3
6 =	2
4 =	1
2 =	0

1 Mund- ....

2 Mund- ....

3 Mund- ....

4 Mund- ....

5 Mund- ....

6 Mund- ....

7 Mund- ....

8 Mund- ....

9 Mund- ....

10 Mund- ....

11 Mund- ....

12 Mund- ....

13 Mund- ....

14 Mund- ....

15 Mund- ....

38

Unter den sechzig Begriffen dieser Aufgabe befinden sich jeweils drei, die Gleiches oder Ähnliches aussagen. Finden Sie diese Dreiergruppen heraus, und notieren Sie die entsprechenden Kombinationen.

Lösung	Richtig/Punkte
1 - 11 - 36	20 = 20
2 - 33 - 55	19 = 19
3 - 44 - 49	18 = 18
4 - 15 - 47	17 = 17
5 - 23 - 56	16 = 16
6 - 20 - 26	15 = 15
7 - 39 - 57	14 = 14
8 - 21 - 59	13 = 13
9 - 31 - 60	12 = 12
10 - 38 - 48	11 = 11
12 - 41 - 52	10 = 10
13 - 35 - 53	9 = 9
14 - 27 - 51	8 = 8
16 - 40 - 58	7 = 7
17 - 43 - 46	6 = 6
18 - 30 - 54	5 = 5
19 - 28 - 50	4 = 4
22 - 29 - 42	3 = 3
24 - 34 - 45	2 = 2
25 - 32 - 37	1 = 1

1 Reiz	2 Unwille	3 Mißmut	4 Rührung
5 Bedenken	6 Fassung	7 Widerwille	8 Erregung
9 Langmut	10 Vergehen	11 Zauber	12 Gespräch
13 Information	14 Ermächtigung	15 Ergriffenheit	16 Gefühl
17 Arbeit	18 Pflicht	19 Anstoß	20 Haltung
21 Nervosität	22 Vorwand	23 Zweifel	24 Einbildung
25 Einspruch	26 Beherrschung	27 Vollmacht	28 Anregung
29 Ausrede	30 Aufgabe	31 Geduld	32 Veto
33 Ärger	34 Illusion	35 Nachricht	36 Charme
37 Protest	38 Zuwiderhandlung	39 Abneigung	40 Instinkt
41 Unterhaltung	42 Ausflucht	43 Tätigkeit	44 Verbitterung
45 Wahn	46 Beschäftigung	47 Erschütterung	48 Verstoß
49 Verdrossenheit	50 Impuls	51 Befugnis	52 Konversation
53 Mitteilung	54 Schuldigkeit	55 Verdruß	56 Skrupel
57 Antipathie	58 Gespür	59 Aufregung	60 Nachsicht

39

Anzahl/Punkte

15 =	10
14 =	9
13 =	8
12 =	7
11 =	6
10 =	5
9 =	4
8 =	3
6 =	2
4 =	1
2 =	0

1 Schluß- ....

2 Schluß- ....

3 Schluß- ....

4 Schluß- ....

5 Schluß- ....

6 Schluß- ....

7 Schluß- ....

8 Schluß- ....

9 Schluß- ....

10 Schluß- ....

11 Schluß- ....

12 Schluß- ....

13 Schluß- ....

14 Schluß- ....

15 Schluß- ....

40

Bitte beachten Sie die Arbeitsanweisung zu Übung 28.

Lösung	Richtig/Punkte	Zeit/Punkte
A 4	10 = 10	90 = 10
	9 = 9	100 = 9
A 6	8 = 8	110 = 8
B 2	7 = 7	120 = 7
B 5	6 = 6	130 = 6
C 1	5 = 5	140 = 5
C 3	4 = 4	155 = 4
D 2	3 = 3	170 = 3
D 4	2 = 2	185 = 2
E 1	1 = 1	200 = 1
E 3		
E 6		

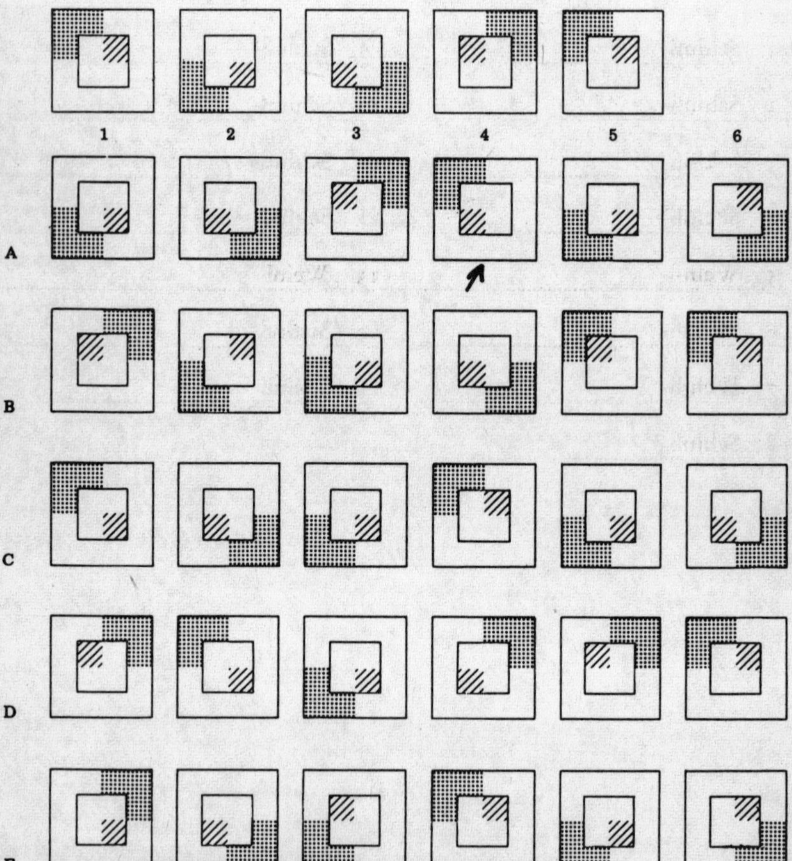

41

Anzahl/Punkte

15 =	10
14 =	9
13 =	8
12 =	7
11 =	6
10 =	5
9 =	4
8 =	3
6 =	2
4 =	1
2 =	0

1 Wein- ....

2 Wein- ....

3 Wein- ....

4 Wein- ....

5 Wein- ....

6 Wein- ....

7 Wein- ....

8 Wein- ....

9 Wein- ....

10 Wein- ....

11 Wein- ....

12 Wein- ....

13 Wein- ....

14 Wein- ....

15 Wein- ....

42

Sie sehen hier drei Spalten mit je zwanzig Begriffen. Jedem Begriff der Spalte I entspricht je ein ähnlicher in den Spalten II und III. Bitte finden Sie diese Begriffe heraus und notieren Sie die entsprechenden Kombinationen. Beim ersten Begriff ist das bereits geschehen.

Lösung		Richtig/ Punkte	Zeit/ Punkte
1 Mb	11 Ci	19 = 10	210 = 10
	12 Ds	18 = 9	220 = 9
2 Sg	13 It	17 = 8	230 = 8
3 Rm	14 Hn	16 = 7	240 = 7
4 Qa	15 Gp	14 = 6	255 = 6
5 Nh	16 Bc	12 = 5	270 = 5
6 Jk	17 Le	10 = 4	290 = 4
7 Aq	18 Kf	8 = 3	310 = 3
8 Ej	19 Fl	6 = 2	330 = 2
9 Pr	20 Oo	4 = 1	350 = 1
10 Td		2 = 0	370 = 0

I		II		III	
1	zugeben	A)	bedürftig	a)	empfinden
2	stiften	B)	stimmen	xb)	gestehen
3	abermals	C)	erstaunt	c)	richtig sein
4	spüren	D)	ab und zu	d)	scheiden
5	später	E)	griesgrämig	e)	klug
6	hasten	F)	plagen	f)	anwachsen
7	mittellos	G)	sausen	g)	opfern
8	mürrisch	H)	fruchtbar	h)	bald
9	kümmerlich	I)	bemänteln	i)	überrascht
10	sondern	J)	jagen	j)	verdrossen
11	verwundert	K)	vergrößern	k)	eilen
12	dann und wann	L)	intelligent	l)	mühen
13	verdecken	xM)	bekennen	m)	erneut
14	nützlich	N)	demnächst	n)	lohnend
15	rennen	O)	aufwendig	o)	kostspielig
16	zutreffen	P)	dürftig	p)	fegen
17	gescheit	Q)	fühlen	q)	arm
18	zunehmen	R)	wieder	r)	bescheiden
19	schuften	S)	spenden	s)	hin und wieder
20	teuer	T)	trennen	t)	beschönigen

43

Anzahl/Punkte

15 =	10
14 =	9
13 =	8
12 =	7
11 =	6
10 =	5
9 =	4
8 =	3
6 =	2
4 =	1
2 =	0

1 Buch- ....

2 Buch- ....

3 Buch- ....

4 Buch- ....

5 Buch- ....

6 Buch- ....

7 Buch- ....

8 Buch- ....

9 Buch- ....

10 Buch- ....

11 Buch- ....

12 Buch- ....

13 Buch- ....

14 Buch- ....

15 Buch- ....

44

Bitte beachten Sie die Arbeitsanweisung der Übung 28.

Lösung		Richtig/Punkte		Zeit/Punkte
A 8	E 4	20 = 20	10 = 10	210 = 10
	E 6	19 = 19	9 = 9	220 = 9
A 13	E 14	18 = 18	8 = 8	230 = 8
B 5	F 3	17 = 17	7 = 7	240 = 7
B 10	F 5	16 = 16	6 = 6	260 = 6
B 15	F 8	15 = 15	5 = 5	280 = 5
C 2	G 1	14 = 14	4 = 4	300 = 4
C 7	G 5	13 = 13	3 = 3	320 = 3
D 2	G 7	12 = 12	2 = 2	350 = 2
D 9	G 9	11 = 11	1 = 1	380 = 1
D 14	G 13			

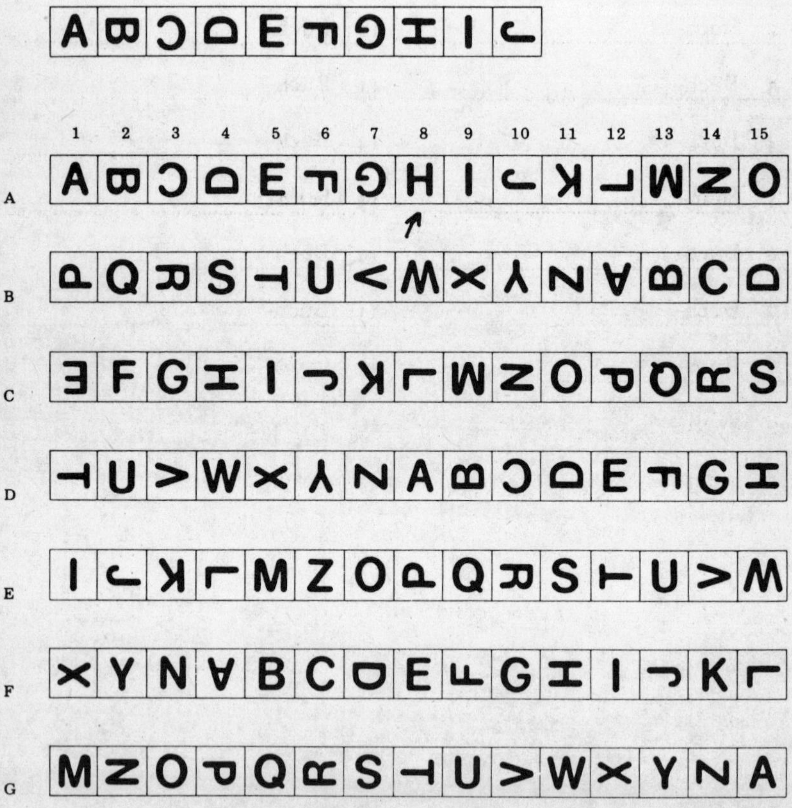

45

Anzahl/Punkte

20 =	10
19 =	9
18 =	8
17 =	7
15 =	6
13 =	5
11 =	4
9 =	3
7 =	2
5 =	1
3 =	0

1 Stein-

2 Stein-

3 Stein-

4 Stein-

5 Stein-

6 Stein-

7 Stein-

8 Stein-

9 Stein-

10 Stein-

11 Stein-

12 Stein-

13 Stein-

14 Stein-

15 Stein-

16 Stein-

17 Stein-

18 Stein-

19 Stein-

20 Stein-

46

Bitte beachten Sie die Arbeitsanweisung zur Übung 14.

Lösung		Richtig/ Punkte	Zeit/ Punkte
1 D	11 D	20 = 10	120 = 10
2 D	12 A	19 = 9	130 = 9
3 B	13 B	18 = 8	140 = 8
4 A	14 D	17 = 7	150 = 7
5 A	15 A	15 = 6	160 = 6
6 B	16 C	13 = 5	170 = 5
7 A	17 B	11 = 4	190 = 4
8 B	18 C	9 = 3	210 = 3
9 B	19 D	7 = 2	230 = 2
10 A	20 A	5 = 1	260 = 1
		2 = 0	

	A)	B)	C)	D)
1	beharrlich	zäh	hartnäckig	unverschämt
2	bekämpfen	entgegentreten	begegnen	hassen
3	beanstanden	beheben	bemängeln	kritisieren
4	Gebirge	Berg	Anhöhe	Hügel
5	Unfrieden	Erhebung	Aufstand	Revolution
6	necken	herausfordern	verulken	aufziehen
7	erraten	ersinnen	ausdenken	ausklügeln
8	austüfteln	entdecken	ausbrüten	aushecken
9	nachgehen	versäumen	ausüben	betreiben
10	abnehmen	entkleiden	ausziehen	ablegen
11	grob	schroff	barsch	forsch
12	arbeiten	errichten	erstellen	bauen
13	bepflanzen	bewässern	bestellen	bebauen
14	Grauen	Angst	Furcht	Sorge
15	schreckhaft	feige	ängstlich	furchtsam
16	verzehren	verspeisen	ernähren	aufessen
17	fallenlassen	aufschieben	aufgeben	aufstecken
18	nervös	aufgeregt	gespannt	erregt
19	stapeln	aufschichten	türmen	zurücklegen
20	unterbrechen	einstellen	aufhören	innehalten

47

Anzahl/Punkte

20 =	10
19 =	9
18 =	8
17 =	7
15 =	6
13 =	5
11 =	4
9 =	3
7 =	2
5 =	1
3 =	0

1 Ball- ....

2 Ball- ....

3 Ball- ....

4 Ball- ....

5 Ball- ....

6 Ball- ....

7 Ball- ....

8 Ball- ....

9 Ball- ....

10 Ball- ....

11 Ball- ....

12 Ball- ....

13 Ball- ....

14 Ball- ....

15 Ball- ....

16 Ball- ....

17 Ball- ....

18 Ball- ....

19 Ball- ....

20 Ball- ....

48

Nehmen Sie bitte an, die unten abgebildeten Plättchen wären aus Glas; die darauf abgebildeten Zeichen wären also auch auf der Rückseite zu erkennen. Prüfen Sie nun, welche der Abbildungen A bis L durch Drehen und/oder Kippen des einzelnen Plättchens entstanden sein können.

Lösung	Richtig/Punkte	Zeit/Punkte
A	7 = 10	120 = 10
B	6 = 8	130 = 9
D	5 = 6	140 = 8
E	4 = 4	150 = 7
H	3 = 3	170 = 6
I	2 = 2	190 = 5
K	1 = 1	210 = 4
		230 = 3
		260 = 2
		290 = 1

A

B

C

D

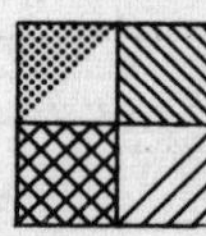

E

F

G

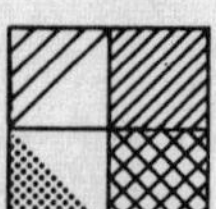

H

I

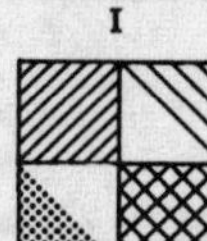

J

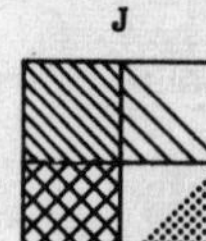

K

L

49

Anzahl/Punkte

20 = 10
19 = 9
18 = 8
17 = 7
15 = 6
13 = 5
11 = 4
9 = 3
7 = 2
5 = 1
3 = 0

1 Berg-........................
2 Berg-........................
3 Berg-........................
4 Berg-........................
5 Berg-........................
6 Berg-........................
7 Berg-........................
8 Berg-........................
9 Berg-........................
10 Berg-........................
11 Berg-........................
12 Berg-........................
13 Berg-........................
14 Berg-........................
15 Berg-........................
16 Berg-........................
17 Berg-........................
18 Berg-........................
19 Berg-........................
20 Berg-........................

50

Bitte beachten Sie die Arbeitsanweisung zur Aufgabe 18.

Lösung		Richtig/ Punkte	Zeit/ Punkte
1 E17	11 k20	20 = 10	280 = 10
2 Ip	12 Fn	19 = 9	290 = 9
3 G2	13 f3	18 = 8	300 = 8
4 Lb	14 e15	17 = 7	320 = 7
5 g8	15 P7	15 = 6	340 = 6
6 K16	16 m5	13 = 5	360 = 5
7 M12	17 H9	11 = 4	380 = 4
8 D4	18 Sl	9 = 3	400 = 3
9 O10	19 T18	7 = 2	420 = 2
10 Nh	20 J11	5 = 1	440 = 1
		2 = 0	

I	II	II	IV
1 großzügig	A) bezahlen	a) beteuern	1) erregt
2 vergeuden	B) eingezogen	b) bezwingen	2) stürmisch
3 heftig	C) antreiben	c) falsch	3) gelassen
4 überwinden	D) geheilt	d) zornig	4) wiederhergestellt
5 belohnen	E) freigebig	e) geschmacklos	5) anregen
6 verbittert	F) verärgert	f) gleichmütig	6) verbrauchen
7 ungültig	G) ungestüm	g) wettmachen	7) nervös
8 genesen	H) wohnen	h) anhaben	8) vergelten
9 bedauern	I) verschwenden	i) großspurig	9) hausen
10 tragen	J) unbeständig	j) getreu	10) beweinen
11 verängstigt	K) verhärmt	k) verstört	11) unstet
12 erbost	L) besiegen	l) unscheinbar	12) verfallen
13 gefaßt	M) abgelaufen	m) beleben	13) probieren
14 kitschig	N) bekleidet sein	n) erzürnt	14) triumphieren
15 gereizt	O) beklagen	o) heilen	15) stillos
16 aufputschen	P) kribbelig	p) verschleudern	16) vergrämt
17 leben	Q) häßlich	q) unruhig	17) gebefreudig
18 farblos	R) gleichgültig	r) angriffslustig	18) objektiv
19 nüchtern	S) unauffällig	s) überarbeitet	19) kleinlich
20 flatterhaft	T) sachlich	t) besiedeln	20) verschüchtert

51

Anzahl/Punkte

20 = 10
19 = 9
18 = 8
17 = 7
15 = 6
13 = 5
11 = 4
9 = 3
7 = 2
5 = 1
3 = 0

1 Wald- ....

2 Wald- ....

3 Wald- ....

4 Wald- ....

5 Wald- ....

6 Wald- ....

7 Wald- ....

8 Wald- ....

9 Wald- ....

10 Wald- ....

11 Wald- ....

12 Wald- ....

13 Wald- ....

14 Wald- ....

15 Wald- ....

16 Wald- ....

17 Wald- ....

18 Wald- ....

19 Wald- ....

20 Wald- ....

52

Bitte beachten Sie die Arbeitsanweisung zur Übung 28.

Lösung		Richtig/Punkte		Zeit/Punkte
A 3	D 4	20 = 20	10 = 10	210 = 10
	D 11	19 = 19	9 = 9	220 = 9
A 8	D 14	18 = 18	8 = 8	230 = 8
A 12	E 6	17 = 17	7 = 7	240 = 7
B 4	E 9	16 = 16	6 = 6	260 = 6
B 8	E 14	15 = 15	5 = 5	280 = 5
B 12	F 5	14 = 14	4 = 4	300 = 4
C 4	F 7	13 = 13	3 = 3	320 = 3
C 8	F 11	12 = 12	2 = 2	350 = 2
C 11	G 1	11 = 11	1 = 1	380 = 1
	G 8			
	G 13			

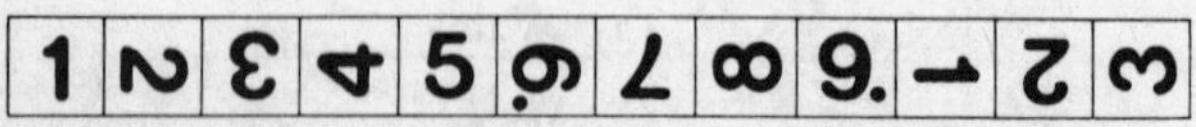

53

Anzahl/Punkte

20 =	10
19 =	9
18 =	8
17 =	7
15 =	6
13 =	5
11 =	4
9 =	3
7 =	2
5 =	1
3 =	0

1 Wand-

2 Wand-

3 Wand-

4 Wand-

5 Wand-

6 Wand-

7 Wand-

8 Wand-

9 Wand-

10 Wand-

11 Wand-

12 Wand-

13 Wand-

14 Wand-

15 Wand-

16 Wand-

17 Wand-

18 Wand-

19 Wand-

20 Wand-

54

Beachten Sie bitte die Arbeitsanweisung zur Aufgabe 18.

Lösung		Richtig/ Punkte	Zeit/ Punkte
1 G18	11 c15	20 = 10	270 = 10
2 H14	12 R9	19 = 9	280 = 9
3 f8	13 Fo	18 = 8	290 = 8
4 Bk	14 Os	17 = 7	300 = 7
5 M11	15 i17	16 = 6	320 = 6
6 E3	16Ne	14 = 5	340 = 5
7 O5	17 I20	12 = 4	360 = 4
8 J13	18 A1	10 = 3	380 = 3
9 r10	19 h4	8 = 2	400 = 2
10 d19	20 b16	6 = 1	430 = 1
		3 = 0	

I	II	III	IV
1 munter	A) nächtigen	a) erledigt	1) übernachten
2 erledigen	B) verpetzen	b) keck	2) darlegen
3 fortsetzen	C) schwatzhaft	c) beschwerlich	3) auslachen
4 verraten	D) aushandeln	d) erwidern	4) aushalten
5 rügen	E) verhöhnen	e) läppisch	5) wütend
6 verspotten	F) ängstlich	f) weiterführen	6) kindlich
7 zornig	G) aufgeräumt	g) wild	7) fürchterlich
8 angeben	H) durchführen	h) ertragen	8) fortführen
9 erstaunt	I) träge	i) vereinbaren	9) korrigieren
10 antworten	J) prahlen	j) lachend	10) verwundert
11 anstrengend	K) belasten	k) verpfeifen	11) schelten
12 verbessern	L) erschrocken	l) abgespannt	12) schnappen
13 schreckhaft	M) tadeln	m) züchtigen	13) protzen
14 atmen	N) kindisch	n) übernächtigt	14) ausführen
15 verabreden	O) aufgebracht	o) furchtsam	15) ermüdend
16 albern	P) überführen	p) reparieren	16) dreist
17 erschöpft	Q) schnaufen	q) ärgern	17) absprechen
18 schlafen	R) berichtigen	r) überrascht	18) fidel
19 ausstehen	S) widersetzen	s) schnauben	19) entgegnen
20 frech	T) erschöpft	t) übertreiben	20) erledigt

55

Anzahl/Punkte	
20 =	10
19 =	9
18 =	8
17 =	7
15 =	6
13 =	5
11 =	4
9 =	3
7 =	2
5 =	1
3 =	0

1 Teil- ....

2 Teil- ....

3 Teil- ....

4 Teil- ....

5 Teil- ....

6 Teil- ....

7 Teil- ....

8 Teil- ....

9 Teil- ....

10 Teil- ....

11 Teil- ....

12 Teil- ....

13 Teil- ....

14 Teil- ....

15 Teil- ....

16 Teil- ....

17 Teil- ....

18 Teil- ....

19 Teil- ....

20 Teil- ....

56

Sie finden vier Ansichten des gleichen Würfels. Die Darstellungen A bis J zeigen diesen Würfel in verschiedenen Stellungen, die Rückseite ist hierbei hochgeklappt. Bitte suchen Sie aus den zwölf angegebenen Lösungsvorschlägen jenen heraus, der der hochgeklappten Rückseite entspricht. Tragen Sie dann die Ziffer neben den entsprechenden Buchstaben ein.

Lösung	Richtig/Punkte	Zeit/Punkte
A 5	10 = 10	180 = 10
B 1	9 = 9	190 = 9
C 7	8 = 8	200 = 8
D 3	7 = 7	210 = 7
E 12	6 = 6	220 = 6
F 9	5 = 5	240 = 5
G 11	4 = 4	260 = 4
H 6	3 = 3	280 = 3
I 8	2 = 2	300 = 2
J 4	1 = 1	320 = 1

1 2 3 4 5 6 7 8 9 10 11 12

A .... B .... C .... D .... E ....

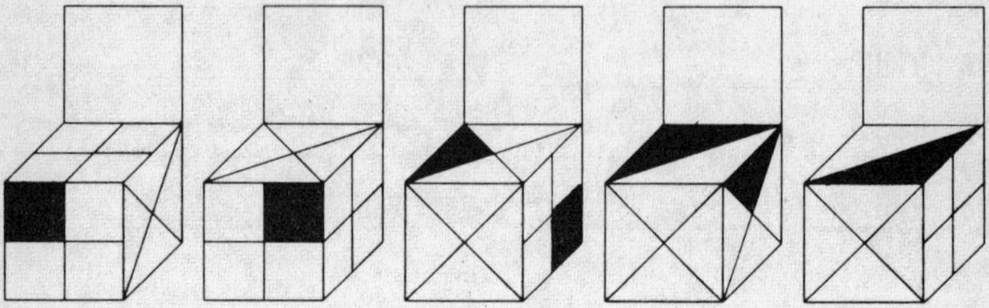

F .... G .... H .... I .... J ....

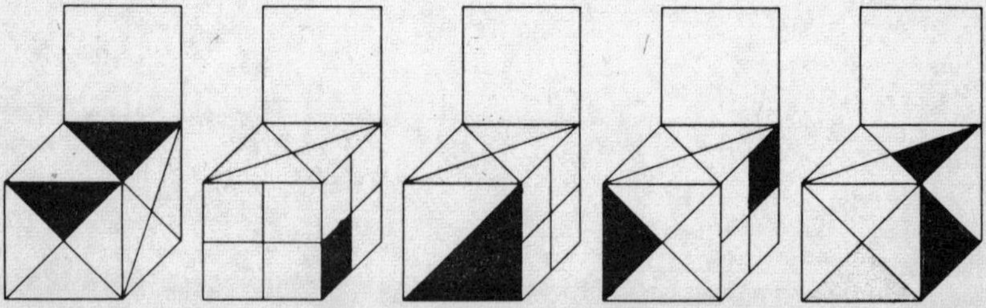

57

Anzahl/Punkte

20 = 10
19 = 9
18 = 8
17 = 7
15 = 6
13 = 5
11 = 4
9 = 3
7 = 2
5 = 1
3 = 0

1 Licht-

2 Licht-

3 Licht-

4 Licht-

5 Licht-

6 Licht-

7 Licht-

8 Licht-

9 Licht-

10 Licht-

11 Licht-

12 Licht-

13 Licht-

14 Licht-

15 Licht-

16 Licht-

17 Licht-

18 Licht-

19 Licht-

20 Licht-

58

Bitte beachten Sie die Arbeitsanweisung der Übung 14.

Lösung		Richtig/Punkte	Zeit/Punkte
1 A	11 B	20 = 10	110 = 10
2 D	12 B	19 = 9	120 = 9
3 D	13 C	18 = 8	130 = 8
4 C	14 C	17 = 7	140 = 7
5 D	15 D	15 = 6	150 = 6
6 D	16 A	13 = 5	160 = 5
7 D	17 B	11 = 4	170 = 4
8 A	18 D	9 = 3	190 = 3
9 B	19 A	7 = 2	210 = 2
10 D	20 B	5 = 1	240 = 1
		2 = 0	

	A)	B)	C)	D)
1	weise	betagt	alt	bejahrt
2	abflauen	verebben	nachlassen	versinken
3	bestrafen	ahnden	züchtigen	fahnden
4	überreichen	aushändigen	schenken	abgeben
5	ungültig	abgelaufen	verfallen	gefälscht
6	Übereinkunft	Abmachung	Vereinbarung	Unterredung
7	schwinden	nachlassen	abnehmen	aufhören
8	Ablehnung	Abscheu	Widerwille	Abneigung
9	absperren	abhalten	verschließen	zusperren
10	abkommen	abirren	abweichen	abändern
11	Ziel	Aussicht	Absicht	Vorsatz
12	achten	bewähren	bewundern	schätzen
13	erledigen	durchführen	einführen	ausführen
14	Idee	Einfall	Überlegung	Gedanke
15	ansässig	einheimisch	eingesessen	bewohnt
16	abschrauben	öffnen	einlassen	aufmachen
17	verstehen	überzeugen	einsehen	begreifen
18	Zustimmung	Einverständnis	Billigung	Versprechen
19	Rest	Ausklang	Ende	Schluß
20	packen	suchen	ergreifen	kriegen

59

Anzahl/Punkte

20 = 10
19 = 9
18 = 8
17 = 7
15 = 6
13 = 5
11 = 4
9 = 3
7 = 2
5 = 1
3 = 0

1 Kunst- ....
2 Kunst- ....
3 Kunst- ....
4 Kunst- ....
5 Kunst- ....
6 Kunst- ....
7 Kunst- ....
8 Kunst- ....
9 Kunst- ....
10 Kunst- ....
11 Kunst- ....
12 Kunst- ....
13 Kunst- ....
14 Kunst- ....
15 Kunst- ....
16 Kunst- ....
17 Kunst- ....
18 Kunst- ....
19 Kunst- ....
20 Kunst- ....

60

Beachten Sie bitte die Arbeitsanweisung zur Übung 48.

Lösung	Richtig/Punkte	Zeit/Punkte
B	7 = 10	110 = 10
C	6 = 8	120 = 9
E	5 = 6	130 = 8
F	4 = 4	140 = 7
H	3 = 3	160 = 6
I	2 = 2	180 = 5
J	1 = 1	200 = 4
		220 = 3
		240 = 2
		260 = 1

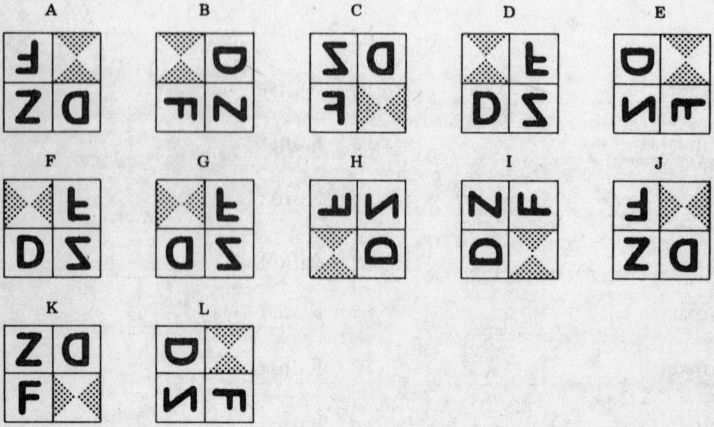

61

Anzahl/Punkte

20 =	10
19 =	9
18 =	8
17 =	7
15 =	6
13 =	5
11 =	4
9 =	3
7 =	2
5 =	1
3 =	0

1 Zahn- ……………………

2 Zahn- ……………………

3 Zahn- ……………………

4 Zahn- ……………………

5 Zahn- ……………………

6 Zahn- ……………………

7 Zahn- ……………………

8 Zahn- ……………………

9 Zahn- ……………………

10 Zahn- ……………………

11 Zahn- ……………………

12 Zahn- ……………………

13 Zahn- ……………………

14 Zahn- ……………………

15 Zahn- ……………………

16 Zahn- ……………………

17 Zahn- ……………………

18 Zahn- ……………………

18 Zahn- ……………………

20 Zahn- ……………………

62

Bitte beachten Sie die Arbeitsanweisung zur Aufgabe 18.

Lösung		Richtig/ Punkte	Zeit/ Punkte
1 H16	11 Nb	20 = 10	260 = 10
2 p2	12 S20	19 = 9	270 = 9
3 n12	13 Pd	18 = 8	280 = 8
4 g5	14 F7	17 = 7	290 = 7
5 A1	15o10	16 = 6	310 = 6
6 Ma	16 Ik	15 = 5	330 = 5
7 C18	17 T4	13 = 4	350 = 4
8 Q3	18 j11	11 = 3	370 = 3
9 O17	19 h13	9 = 2	390 = 2
10 G9	20 R15	7 = 1	410 = 1
		4 = 0	

I	II	III	IV
1 berühmt	A) meisterhaft	a) genial	1) perfekt
2 maßgebend	B) aufregen	b) empfindsam	2) kompetent
3 elegant	C) intuitiv	c) belehren	3) instruktiv
4 anregen	D) geizig	d) melancholisch	4) duldsam
5 vollendet	E) tragbar	e) erdulden	5) inspirieren
6 talentiert	F) unentwegt	f) gläubig	6) aufnehmen
7 gefühlsmäßig	G) heimtückisch	g) begeistern	7) unverdrossen
8 lehrreich	H) namhaft	h) eigennützig	8) erschöpft
9 unterweisen	I) begreifen	i) gedankenlos	9) hinterlistig
10 hinterhältig	J) ungeeignet	j) verstiegen	10) unpassend
11 gefühlvoll	K) irrig	k) kapieren	11) phantastisch
12 naiv	L) fachmännisch	l) klug	12) apart
13 trübsinnig	M) begabt	m) interessant	13) egoistisch
14 unbeirrbar	N) sensibel	n) schick	14) wehleidig
15 unangebracht	O) lehren	o) deplaziert	15) lechzen
16 verstehen	P) schwermütig	p) zuständig	16) prominent
17 großzügig	Q) aufschlußreich	q) rücksichtslos	17) unterrichten
18 überspannt	R) trachten	r) künstlich	18) instinktiv
19 selbstsüchtig	S) gutgläubig	s) verräterisch	19) strebsam
20 verlangen	T) tolerant	t) erzielen	20) vertrauensselig

63

Anzahl/Punkte

20 =	10
19 =	9
18 =	8
17 =	7
15 =	6
13 =	5
11 =	4
9 =	3
7 =	2
5 =	1
3 =	0

1 Gold- ....

2 Gold- ....

3 Gold- ....

4 Gold- ....

5 Gold- ....

6 Gold- ....

7 Gold- ....

8 Gold- ....

9 Gold- ....

10 Gold- ....

11 Gold- ....

12 Gold- ....

13 Gold- ....

14 Gold- ....

15 Gold- ....

16 Gold- ....

17 Gold- ....

18 Gold- ....

19 Gold- ....

20 Gold- ....

64

Bitte beachten Sie die Arbeitsanweisung zur Aufgabe 56.

Lösung	Richtig/Punkte
A 4	10 = 10
B 7	9 = 9
C 4	8 = 8
D 1	7 = 7
E 1	6 = 6
F 10	5 = 5
G 9	4 = 4
H 5	3 = 3
I 2	2 = 2
J 8	1 = 1

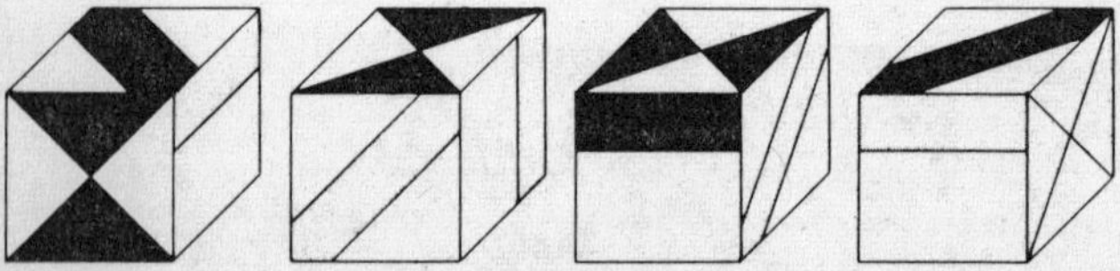

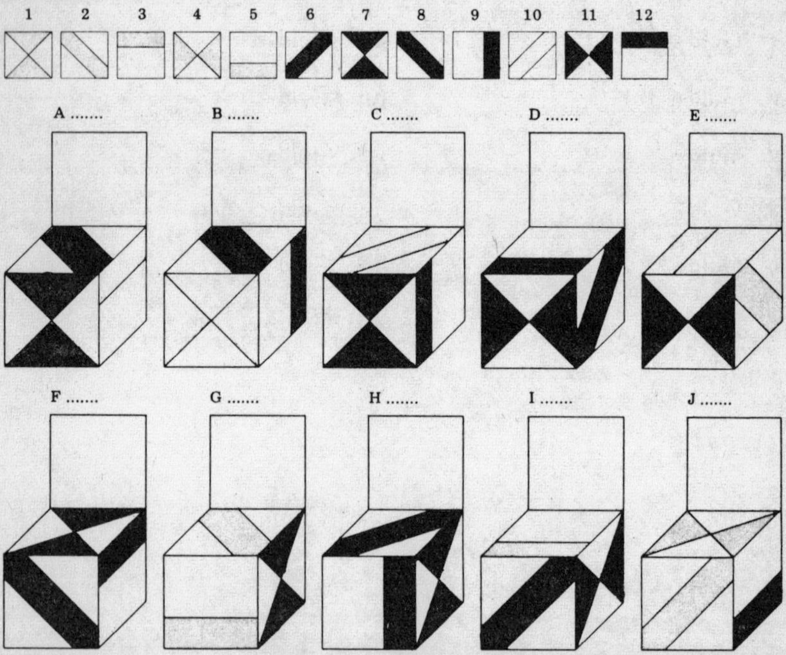

65

Anzahl/Punkte

25 =	10
24 =	9
23 =	8
22 =	7
20 =	6
18 =	5
15 =	4
12 =	3
9 =	2
6 =	1
3 =	0

1 Straßen- ....
2 Straßen- ....
3 Straßen- ....
4 Straßen- ....
5 Straßen- ....
6 Straßen- ....
7 Straßen- ....
8 Straßen- ....
9 Straßen- ....
10 Straßen- ....
11 Straßen- ....
12 Straßen- ....
13 Straßen- ....
14 Straßen- ....
15 Straßen- ....
16 Straßen- ....
17 Straßen- ....
18 Straßen- ....
19 Straßen- ....
20 Straßen- ....
21 Straßen- ....
22 Straßen- ....
23 Straßen- ....
24 Straßen- ....
25 Straßen- ....

66

Bitte beachten Sie die Arbeitsanweisung zur Übung 14.

Lösung		Richtig/ Punkte	Zeit/ Punkte
1 A	11 B	20 = 10	110 = 10
2 D	12 B	19 = 9	120 = 9
3 A	13 D	18 = 8	130 = 8
4 A	14 A	17 = 7	140 = 7
5 B	15 A	16 = 6	150 = 6
6 D	16 A	14 = 5	160 = 5
7 B	17 B	12 = 4	170 = 4
8 A	18 A	10 = 3	180 = 3
9 C	19 B	8 = 2	200 = 2
10 A	20 C	6 = 1	220 = 1
		2 = 0	

	A)	B)	C)	D)
1	erhoffen	zulassen	erlauben	gestatten
2	erledigt	erschöpft	fertig	müde
3	belasten	ertragen	aushalten	ausstehen
4	sprechen	erzählen	beschreiben	schildern
5	märchenhaft	lachhaft	sagenhaft	fabelhaft
6	blaß	fahl	bleich	abgespannt
7	fehlen	bemängeln	ermangeln	abgehen
8	würdig	makellos	einwandfrei	fehlerfrei
9	unerbittlich	unbeugsam	unnahbar	unnachgiebig
10	suchen	antreffen	finden	entdecken
11	arbeitsam	mühsam	fleißig	strebsam
12	entfernen	bewegen	fortbringen	wegschaffen
13	verdächtig	zweifelhaft	fragwürdig	neugierig
14	Meldung	Auftrag	Befehl	Weisung
15	ankommen	begegnen	sehen	treffen
16	wohnen	aufnehmen	beherbergen	unterbringen
17	behüten	vertrauen	beschützen	beschirmen
18	kaufen	bekommen	erhalten	empfangen
19	betragen	bemühen	benehmen	verhalten
20	bereinigen	zurechtbiegen	vergüten	ausbügeln

67

Anzahl/Punkte

25 = 10
24 = 9
23 = 8
22 = 7
20 = 6
18 = 5
15 = 4
12 = 3
9 = 2
6 = 1
3 = 0

1 Haus-......................................
2 Haus-......................................
3 Haus-......................................
4 Haus-......................................
5 Haus-......................................
6 Haus-......................................
7 Haus-......................................
8 Haus-......................................
9 Haus-......................................
10 Haus-......................................
11 Haus-......................................
12 Haus-......................................
13 Haus-......................................
14 Haus-......................................
15 Haus-......................................
16 Haus-......................................
17 Haus-......................................
18 Haus-......................................
19 Haus-......................................
20 Haus-......................................
21 Haus-......................................
22 Haus-......................................
23 Haus-......................................
24 Haus-......................................
25 Haus-......................................

68

Bitte beachten Sie die Arbeitsanweisung zur Übung 28.

Lösung	Richtig/Punkte	Zeit/Punkte
A 1	10 = 10	120 = 10
A 4	9 = 9	130 = 9
B 1	8 = 8	140 = 8
B 3	7 = 7	160 = 7
C 2	6 = 6	180 = 6
C 5	5 = 5	200 = 5
D 2	4 = 4	230 = 4
D 5	3 = 3	260 = 3
E 1	2 = 2	300 = 2
E 3	1 = 1	340 = 1

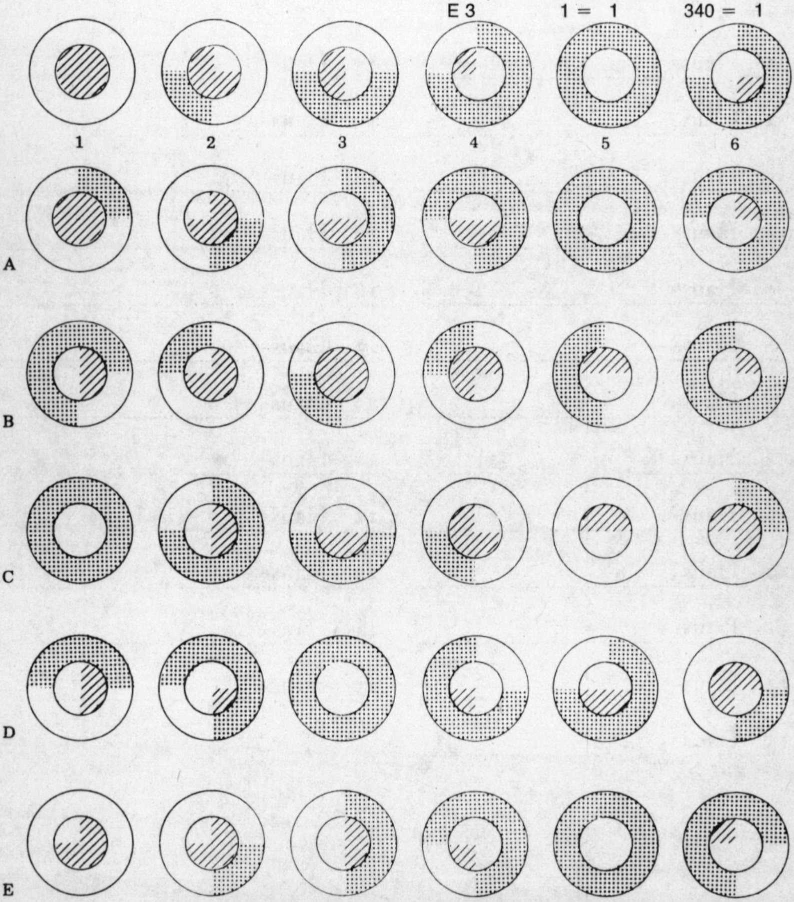

69

Anzahl/Punkte

25 =	10
24 =	9
23 =	8
22 =	7
20 =	6
18 =	5
15 =	4
12 =	3
9 =	2
6 =	1
3 =	0

1 Grund- ……………

2 Grund- ……………

3 Grund- ……………

4 Grund- ……………

5 Grund- ……………

6 Grund- ……………

7 Grund- ……………

8 Grund- ……………

9 Grund- ……………

10 Grund- ……………

11 Grund- ……………

12 Grund- ……………

13 Grund- ……………

14 Grund- ……………

15 Grund- ……………

16 Grund- ……………

17 Grund- ……………

18 Grund- ……………

19 Grund- ……………

20 Grund- ……………

21 Grund- ……………

22 Grund- ……………

23 Grund- ……………

24 Grund- ……………

25 Grund- ……………

70

Sie sehen die Auffaltung eines Würfels. Die Darstellungen A bis J zeigen den gleichen Würfel in verschiedenen Stellungen. Sie sollen nun feststellen, wie die hochgeklappte Rückseite und die vorgeklappte Unterseite aussehen müssen. Dabei sind je zwölf Möglichkeiten für beide Seiten vorgegeben. Tragen Sie nun neben den Buchstaben die entsprechenden Zahlen ein.

Lösung	Richtig/Punkte	
A 7 3	20 = 20	10 = 10
B 4 1	19 = 19	9 = 9
C 5 6	18 = 18	8 = 8
D 1 12	17 = 17	7 = 7
E 12 5	16 = 16	6 = 6
F 6 7	15 = 15	5 = 5
G 3 11	14 = 14	4 = 4
H 1 9	13 = 13	3 = 3
I 9 2	12 = 12	2 = 2
J 11 4	11 = 11	1 = 1

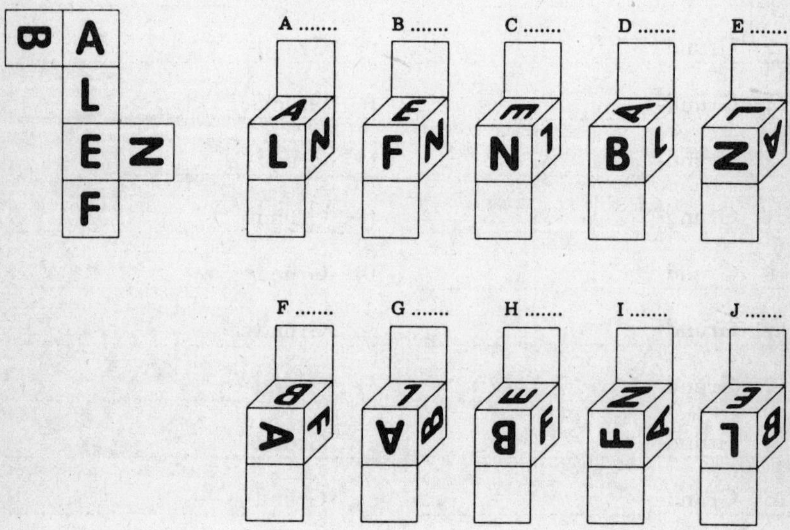

1 2 3 4 5 6 7 8 9 10 11 12

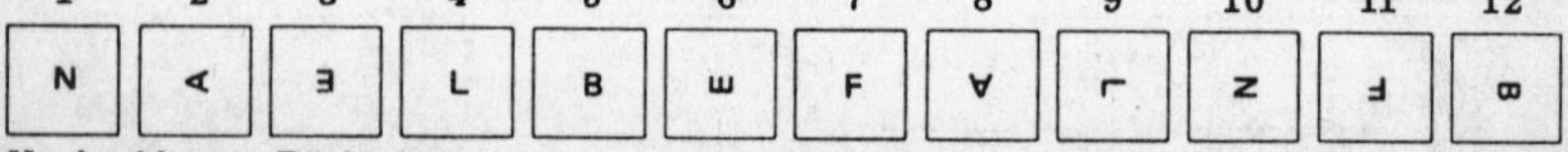

Hochgeklappte Rückseite

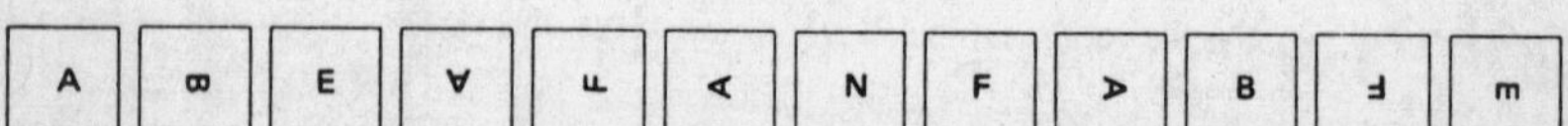

Vorgeklappte Unterseite

71

Anzahl/Punkte

25 =	10
24 =	9
23 =	8
22 =	7
20 =	6
18 =	5
15 =	4
12 =	3
9 =	2
6 =	1
3 =	0

1 Eis-

2 Eis-

3 Eis-

4 Eis-

5 Eis-

6 Eis-

7 Eis-

8 Eis-

9 Eis-

10 Eis-

11 Eis-

12 Eis-

13 Eis-

14 Eis-

15 Eis-

16 Eis-

17 Eis-

18 Eis-

19 Eis-

20 Eis-

21 Eis-

22 Eis-

23 Eis-

24 Eis-

25 Eis-

72

Beachten Sie bitte die Arbeitsanweisung zur Aufgabe 18. Allerdings enthält Aufgabe 72 eine Spalte mehr. Sie finden also für jeden Begriff der ersten Spalte drei Begriffe. In jeweils einer Spalte finden Sie keinen ähnlichen Begriff.

Lösung		Richtig/ Punkte	Zeit/ Punkte
1 G ab 15	11 D ag 19	20 = 10	320 = 10
2 O a ak	12 f ap 4	19 = 9	330 = 9
3 A an 5	13 E n ar	18 = 8	340 = 8
4 T aq 1	14 d as 16	16 = 7	350 = 7
5 qat 10	15 H ai 18	14 = 6	370 = 6
6 Q af 20	16 I s 2	12 = 5	390 = 5
7 C aa 7	17 m al 6	10 = 4	410 = 4
8 r ac 12	18 L ao 9	8 = 3	430 = 3
9 R e ah	19 P k al	5 = 2	450 = 2
10 B j 14	20 M am 11	2 = 1	470 = 1

	I	II	III	IV	V
1	leihen	A) eisig	a) unvermögend	aa) geschwätzig	1) bedeutungslos
2	mittellos	B) schwach	b) einfach	ab) borgen	2) intelligent
3	kalt	C) gesprächig	c) geheimnisvoll	ac) unzugänglich	3) ausdrücklich
4	unwichtig	D) traurig	d) unbedacht	ad) faul	4) aufgewühlt
5	schädlich	E) bändigen	e) weitschweifig	ae) durchführen	5) frisch
6	schleierhaft	F) flatterhaft	f) gerührt	af) rätselhaft	6) anlernen
7	redselig	G) vorschießen	g) strafen	ag) wehmütig	7) mitteilsam
8	mangelhaft	H) quälen	h) erstaunt	ah) wortreich	8) inhaftieren
9	langatmig	I) klug	i) widerlegen	ai) mißhandeln	9) zurückweisen
10	matt	J) belehren	j) kraftlos	aj) wißbegierig	10) abträglich
11	bedrückt	K) abfällig	k) unternehmen	ak) unbemittelt	11) unterlassen
12	ergriffen	L) ablehnen	l) gescheit	al) anweisen	12) unzureichend
13	mäßigen	M) versäumen	m) einarbeiten	am) verpassen	13) leiten
14	unüberlegt	N) wenig	n) bezähmen	an) frostig	14) erschöpft
15	martern	O) arm	o) schenken	ao) verweigern	15) pumpen
16	aufgeweckt	P) veranstalten	p) launisch	ap) bewegt	16) leichtfertig
17	anleiten	Q) unverständlich	q) nachteilig	aq) unwesentlich	17) ärmlich
18	abweisen	R) ausführlich	r) unbefriedigend	ar) zähmen	18) peinigen
19	abhalten	S) entsetzt	s) gescheit	as) gedankenlos	19) bekümmert
20	verfehlen	T) belanglos	t) vergessen	at) ungünstig	20) unerklärlich

73

Anzahl/Punkte

30 = 10
29 = 9
28 = 8
24 = 7
22 = 6
19 = 5
16 = 4
13 = 3
10 = 2
7 = 1
4 = 0

1 Schnee-......................................

2 Schnee-......................................

3 Schnee-......................................

4 Schnee-......................................

5 Schnee-......................................

6 Schnee-......................................

7 Schnee-......................................

8 Schnee-......................................

9 Schnee-......................................

10 Schnee-......................................

11 Schnee-......................................

12 Schnee-......................................

13 Schnee-......................................

14 Schnee-......................................

15 Schnee-......................................

16 Schnee-......................................

17 Schnee-......................................

18 Schnee-......................................

19 Schnee-......................................

20 Schnee-......................................

21 Schnee-......................................

22 Schnee-......................................

23 Schnee-......................................

24 Schnee-......................................

25 Schnee-......................................

26 Schnee-......................................

27 Schnee-......................................

28 Schnee-......................................

29 Schnee-......................................

30 Schnee-......................................

74

Beachten Sie bitte die Arbeitsanweisung zur Übung 14.

Lösung		Richtig/ Punkte	Zeit/ Punkte
1 B	11 D	20 = 10	100 = 10
2 B	12 A	19 = 9	110 = 9
3 B	13 C	18 = 8	120 = 8
4 C	14 C	17 = 7	130 = 7
5 B	15 A	16 = 6	140 = 6
6 A	16 A	15 = 5	150 = 5
7 D	17 B	13 = 4	160 = 4
8 B	18 D	10 = 3	170 = 3
9 B	19 C	7 = 2	180 = 2
10 C	20 B	4 = 1	190 = 1
		1 = 0	

	A)	B)	C)	D)
1	abgelegen	entfernt	entlegen	abgeschieden
2	zurückweisen	verbieten	abschlagen	ablehnen
3	Schwur	Zusage	Eid	Gelübde
4	nachsehen	entschuldigen	bedauern	vergeben
5	besprechen	befragen	erörtern	beraten
6	Mut	Fassung	Haltung	Beherrschung
7	befassen	beschäftigen	widmen	arbeiten
8	darstellen	zeichnen	bilden	bedeuten
9	erstaunlich	selten	außerordentlich	ungewöhnlich
10	äußern	ansprechen	anzweifeln	ausdrücken
11	angemessen	gehörig	gebührend	ordentlich
12	berühmt	geschätzt	geachtet	angesehen
13	fortbestehend	aushaltend	immer	andauernd
14	einfügen	anpassen	einsichtig	einordnen
15	anheizen	anfeuern	anspornen	antreiben
16	widerlegen	erwidern	entgegnen	antworten
17	bloßlegen	darlegen	enthüllen	aufdecken
18	Einspruch	Protest	Veto	Zweifel
19	abweisen	abschlagen	verweisen	verweigern
20	empfänglich	wißbegierig	aufgeschlossen	offen

75

Anzahl/Punkte

30 = 10
29 = 9
28 = 8
25 = 7
22 = 6
19 = 5
16 = 4
13 = 3
10 = 2
7 = 1
4 = 0

1 Bau-

2 Bau-

3 Bau-

4 Bau-

5 Bau-

6 Bau-

7 Bau-

8 Bau-

9 Bau-

10 Bau-

11 Bau-

12 Bau-

13 Bau-

14 Bau-

15 Bau-

16 Bau-

17 Bau-

18 Bau-

19 Bau-

20 Bau-

21 Bau-

22 Bau-

23 Bau-

24 Bau-

25 Bau-

26 Bau-

27 Bau-

28 Bau-

29 Bau-

30 Bau-

76

Sie sehen die Auffaltung eines Würfels. Die Darstellungen A bis J zeigen den gleichen Würfel in verschiedenen Stellungen. Stellen Sie nun fest, wie die hochgeklappte Rückseite und die vorgeklappte Unterseite aussehen müssen. Zwölf Möglichkeiten sind für beide Seiten vorgesehen. Tragen Sie die Zahlen neben dem entsprechenden Buchstaben ein.

Lösung	Richtig/Punkte
A 4 2	20 = 10
B 1 6	18 = 9
C 2 7	16 = 8
D 6 5	14 = 7
E 5 1	12 = 6
F 3 12	10 = 5
G 12 8	8 = 4
H 8 3	6 = 3
I 10 11	4 = 2
J 7 10	2 = 1

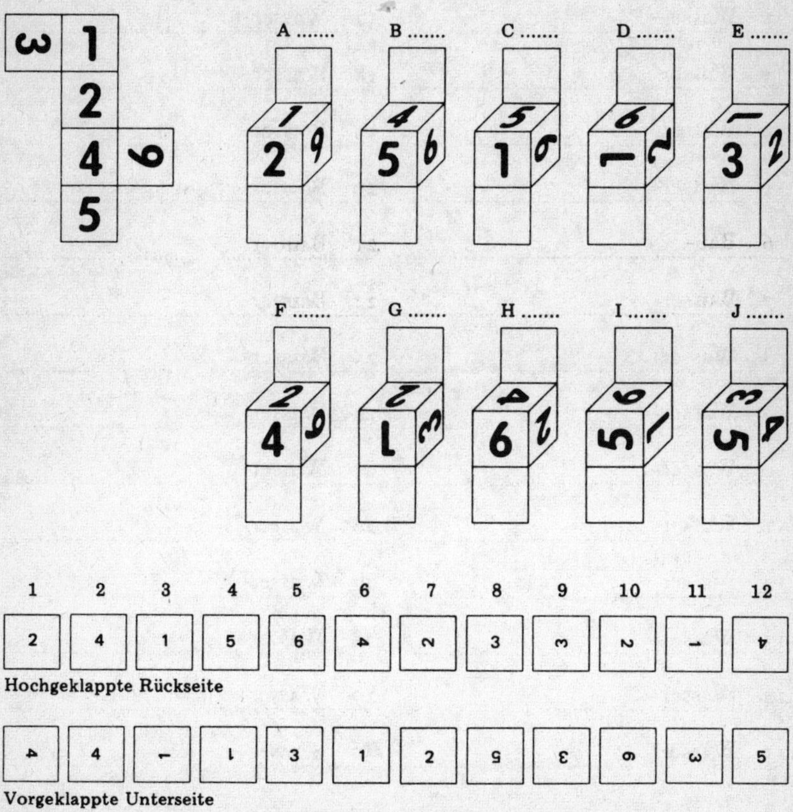

77

Anzahl/Punkte

30 =	10
29 =	9
28 =	8
25 =	7
22 =	6
19 =	5
16 =	4
13 =	3
10 =	2
7 =	1
4 =	0

1 Wasser-..............................

2 Wasser-..............................

3 Wasser-..............................

4 Wasser-..............................

5 Wasser-..............................

6 Wasser-..............................

7 Wasser-..............................

8 Wasser-..............................

9 Wasser-..............................

10 Wasser-..............................

11 Wasser-..............................

12 Wasser-..............................

13 Wasser-..............................

14 Wasser-..............................

15 Wasser-..............................

16 Wasser-..............................

17 Wasser-..............................

18 Wasser-..............................

19 Wasser-..............................

20 Wasser-..............................

21 Wasser-..............................

22 Wasser-..............................

23 Wasser-..............................

24 Wasser-..............................

25 Wasser-..............................

26 Wasser-..............................

27 Wasser-..............................

28 Wasser-..............................

29 Wasser-..............................

30 Wasser-..............................

78

Bitte beachten Sie die Arbeitsanweisungen zu den Aufgaben 18 und 72.

Lösung		Richtig/ Punkte	Zeit/ Punkte
1 E aq 1	11 C as 6	20 = 10	310 = 10
2 a ah 13	12 c ar 19	19 = 9	320 = 9
3 T d am	13 F ad 4	18 = 8	330 = 8
4 I aa 20	14 S s 11	16 = 7	340 = 7
5 m at 9	15 e ap 7	14 = 6	350 = 6
6 P g 16	16 Q h 17	12 = 5	360 = 5
7 t aj 3	17 j ae 14	10 = 4	380 = 4
8 K ab 18	18 J q ag	8 = 3	400 = 3
9 R f 15	19 L ak 10	5 = 2	420 = 2
10 b al 2	20 N an 8	2 = 1	450 = 1

I	II	III	IV	V
1 leicht	A) ehrgeizig	a) merkwürdig	aa) heiter	1) spielend
2 eigenartig	B) arglos	b) still	ab) ehrlich	2) wortkarg
3 unrein	C) beredt	c) verheimlichen	ac) strebsam	3) gefahrlos
4 vergnügt	D) verstecken	d) schmutzig	ad) preisen	4) verherrlichen
5 emsig	E) einfach	e) hintergehen	ae) beschatten	5) anrüchig
6 wohlerzogen	F) loben	f) gewissenhaft	af) fehlerlos	6) redegewandt
7 unschädlich	G) fälschen	g) folgsam	ag) gräßlich	7) überlisten
8 aufrichtig	H) verraten	h) beteuern	ah) sonderbar	8) elastisch
9 genau	I) glücklich	i) gedankenlos	ai) beeiden	9) strebsam
10 schweigsam	J) entsetzlich	j) belauern	aj) ungefährlich	10) schlampig
11 zungenfertig	K) gerade	k) geschwätzig	ak) oberflächlich	11) verleumdet
12 verschweigen	L) flüchtig	l) unstet	al) einsilbig	12) abstoßend
13 rühmen	M) einmalig	m) eifrig	am) unsauber	13) seltsam
14 beleidigt	N) biegsam	n) weich	an) gelenkig	14) belauschen

15	täuschen	O) denkfaul	o) sichtbar	ao) einge-schnappt	15) gründlich
16	verspre-chen	P) brav	p) anbeten	ap) herein-legen	16) artig
17	beob-achten	Q) versichern	q) schrecklich	aq) mühelos	17) geloben
18	furcht-bar	R) sorgfältig	r) ausgelassen	ar) verbergen	18) offen
19	nach-lässig	S) gekränkt	s) verstimmt	as) wortge-wandt	19) geheim-halten
20	ge-schmeidig	T) dreckig	t) harmlos	at) fleißig	20) froh

79

Anzahl/Punkte

30 = 10
29 = 9
28 = 8
25 = 7
22 = 6
19 = 5
16 = 4
13 = 3
10 = 2
7 = 1
4 = 0

1 See-
2 See-
3 See-
4 See-
5 See-
6 See-
7 See-
8 See-
9 See-
10 See-
11 See-
12 See-
13 See-
14 See-
15 See-
16 See-
17 See-
18 See-
19 See-
20 See-
21 See-
22 See-
23 See-
24 See-
25 See-
26 See-
27 See-
28 See-
29 See-
30 See-

80

Sie sehen einen Würfel, bei dem durch Hochklappen alle Seiten sichtbar gemacht sind. Die Darstellungen A bis L zeigen verschiedene Auffaltungen dieses Würfels. Tragen Sie bitte die fehlenden Zahlen in die Felder ein und beachten Sie besonders ihre richtige Lage.

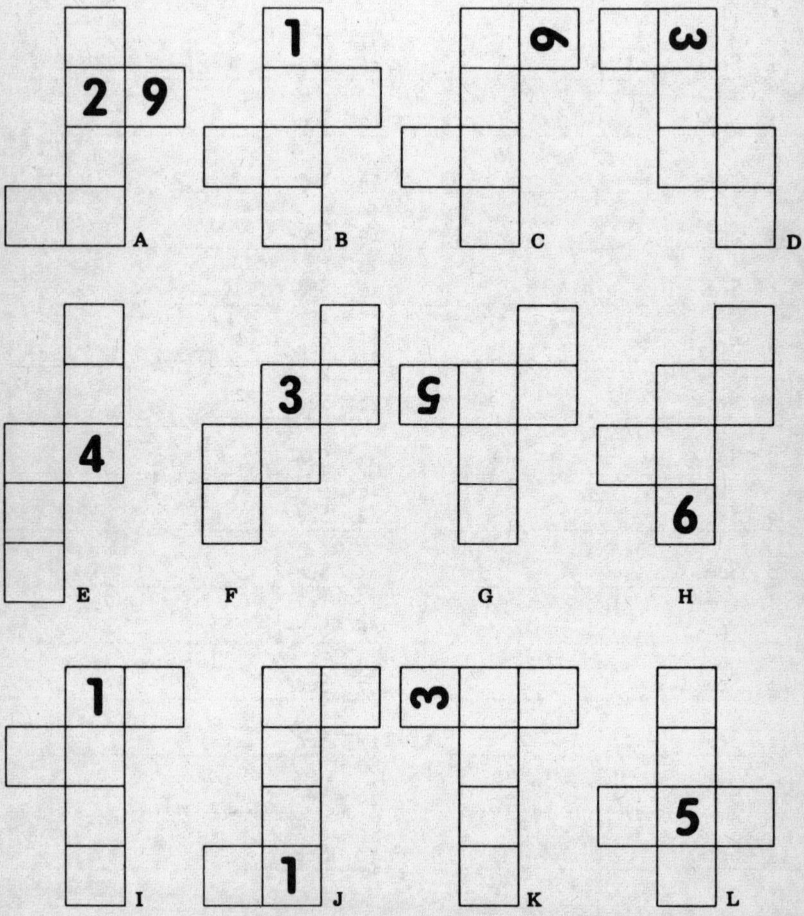

Lösung	Richtig/Punkte	
Siehe unten	36 = 20	19 = 10
	35 = 19	17 = 9
	34 = 18	15 = 8
	33 = 17	13 = 7
	31 = 16	11 = 6
	29 = 15	9 = 5
	27 = 14	7 = 4
	25 = 13	5 = 3
	23 = 12	3 = 2
	21 = 11	1 = 1

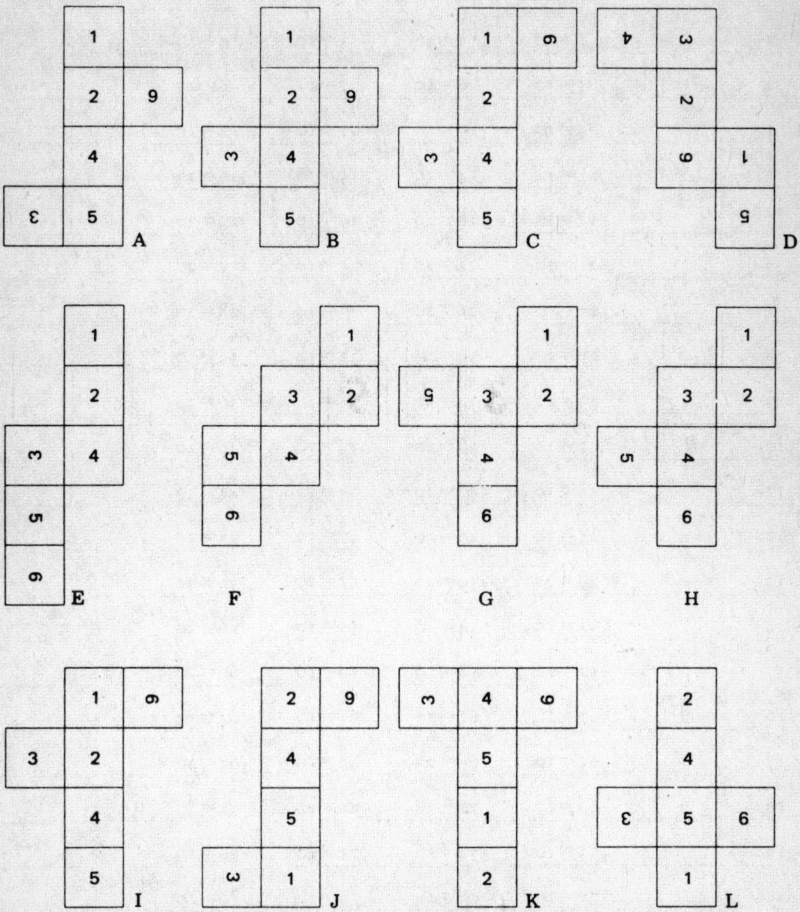

Tragen Sie bitte in der ersten Spalte das Bearbeitungsdatum ein. In den folgenden vier Spalten finden Sie die Aufgabennummern mit den jeweils möglichen Punkten. Tragen Sie daneben Ihre erreichten Punkte ein und in der letzten Spalte die Summe der erreichten Tagespunkte.

Tag/Datum	Aufgabe/mögliche Punkte, erreichte Punkte				Erreichte Tagespunkte
1	1=10	2=20	3=10	4=20	
2	5=10	6=20	7=10	8=20	
3	9=10	10=20	11=10	12=20	
4	13=10	14=20	15=10	16=20	
5	17=10	18=20	19=10	20=20	
6	21=10	22=20	23=10	24=20	
7	25=10	26=20	27=10	28=20	
8	29=10	30=20	31=10	32=20	
9	33=10	34=20	35=10	36=20	
10	37=10	38=20	39=10	40=20	
11	41=10	42=20	43=10	44=30	
12	45=10	46=20	47=10	48=20	
13	49=10	50=20	51=10	52=30	
14	53=10	54=20	55=10	56=20	
15	57=10	58=20	59=10	60=20	
16	61=10	62=20	63=10	64=10	
17	65=10	66=20	67=10	68=20	
18	69=10	70=20	71=10	72=20	
19	73=10	74=20	75=10	76=10	
20	77=10	78=20	79=10	80=20	

Erreichte Gesamtpunkte ....

1. Clausewitz, C. v.
Geist und Tat,
Stuttgart 1941

2. Corbett, M. D.
Augentraining,
Minden 1973

3. Diem, L.
Aktiv bleiben, Lebenstechnik ab 40,
Stuttgart 1973

4. Dirks, H.
Psychologie – eine moderne Seelenkunde,
Reihe: Das Wissen der Zeit,
1970

5. Faust, J.
Aktive Entspannungsbehandlung,
Stuttgart 1970

6. Huber G. K. M./Klausnitzer, J. E.
Erfolg im Beruf durch autogenes Training,
München 1973

7. Maslow, A. H.
Motivation and Personality,
New York, Evanston, London 1954

8. Rohracher, H.
Einführung in die Psychologie,
Wien 1965

9. Schmidt, K. O.
Atom-Energien der Seele,
Deutsche Unity Gesellschaft,
Bad Godesberg 1968

10. Schultz, J. H.
Autogenes Training, Übungsheft für das autogene Training,
Stuttgart 1969

11. Tucholsky, K.
Gesammelte Werke,
Reinbek 1972

12. Wiedemann, H.
Das Unternehmen in der Evolution,
Neuwied und Berlin 1971

13. CAPITAL, Heft 9/68

14. Frankfurter Rundschau
Artikel von Günter Last: Der Mensch braucht mehr Licht, vom 28. 7. 1973

Gerling, R.
Die Kunst der Konzentration
Freiburg i. Br. 1967

Schmidt, K. O.
Wie konzentriere ich mich,
Pfullingen/Württ. 1968